Inhaltsverzeichnis

Allgemeine Informationen zum Thema

Gestaltungsaufgaben

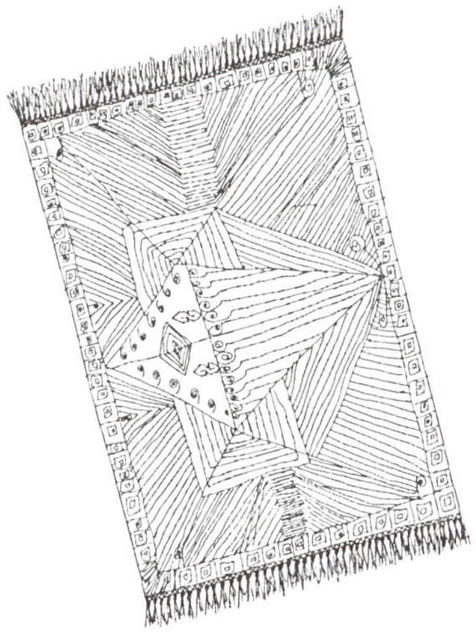

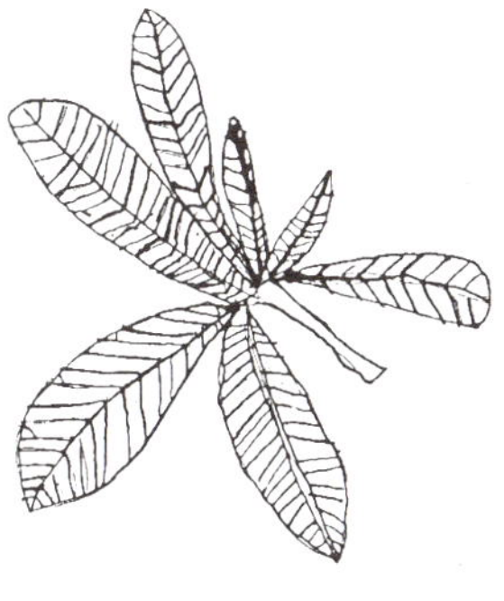

Faszination Zeichnen

Zeichnen gehört zu unseren elementarsten Fertigkeiten. Jedes Kind setzt sich gerne hin und zeichnet mit Hingabe ein Blatt nach dem anderen voll. Stolz präsentieren Kinder ihre Zeichnungen und wenn wir Erwachsenen die Inhalte mal nicht deuten können, erklären uns die kleinen Zeichner geduldig und mit vielen Ausschmückungen jedes einzelne Detail.

Ich möchte Sie als Lehrerinnen und Lehrer, die in der Grundschule Kunst unterrichten, ermutigen mit ihren Kindern die Zeichnung nicht nur als Kommunikationsmittel, sondern auch als Kunstwerk kennen zu lernen.
Dabei müssen Sie selbst kein Zeichengenie sein!

Sie werden sich wundern, wie vielfältig und spannend Zeichenunterricht auch für Sie als Lehrer sein kann. Erleben Sie, wie Kinder unvoreingenommen loslegen und tolle Zeichnungen aufs Papier bringen. Probieren Sie gemeinsam mit Ihren Kindern diverse Zeichenmaterialien aus, lernen Sie Künstler und deren Zeichnungen kennen – und üben Sie sich ganz nebenbei wieder selbst im Zeichnen.

Viel Spaß und Erfolg beim Zeichnen!

Ihre
Astrid Friedrich

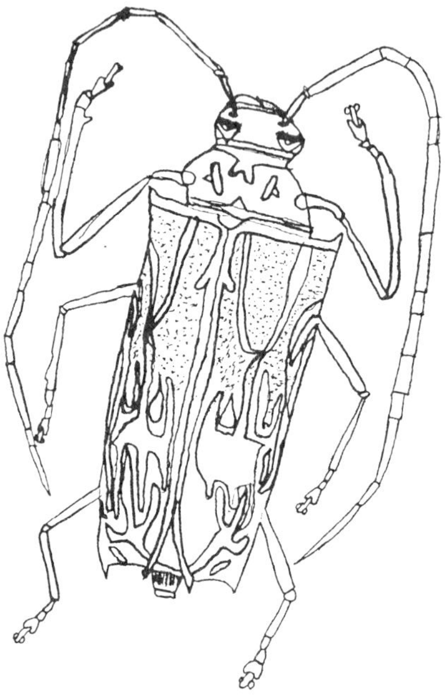

Allgemeine Informationen zum Zeichnen

Zeichnen – was ist das?

Zeichnen bedeutet nichts anderes als Zeichen setzen. Zeichen, deren Bedeutung auch von anderen begriffen werden können.

Da die Kinderzeichnung eng verbunden ist mit der Entwicklung des Kindes, brauchen die Kinder Freiräume innerhalb der vom Lehrer gestellten Aufgabe – dies gilt insbesondere bei der Bewertung der Zeichnungen.

Zum Bereich Zeichnen gehört die Arbeit mit Stiften aller Art. Dabei steht die Linie im Vordergrund. Zeichnen ist ein Teilgebiet der Grafik.

Eine besondere Form der Zeichnung stellt die Skizze dar, der ich auch im Kunstunterricht der Grundschule einen hohen Stellenwert einräume. Die Skizze dient der Ideenfindung, fördert die Kreativität, lädt zum Experimentieren ein. Jeder Gestaltungsaufgabe sollte eine Serie von Skizzen, die auch in Form von Farbskizzen farbig gestaltet sein können, vorangehen. Die Skizze lässt schnell Änderungen zu, es kommt nicht auf das „ordentliche Ausarbeiten" an.

Bei der Zeichnung unterscheidet man zwischen der Kontur- oder Umrisslinie und der Binnenstruktur, der bearbeiteten Fläche. Eine Fläche lässt sich zeichnerisch unterschiedlich bearbeiten: Durch das so genannte Schraffieren oder durch Schummern.[1] Kinder nutzen meist intuitiv die Schummertechnik, da ihnen Schraffuren zu „unordentlich" erscheinen.
Deshalb steht das Üben von Schraffuren bei vielen Gestaltungsaufgaben in diesem Buch im Vordergrund. Insbesondere bei der Arbeit mit Filzstiften ist die Schraffur die geeignetere Technik.

Comicfigur-Kontur

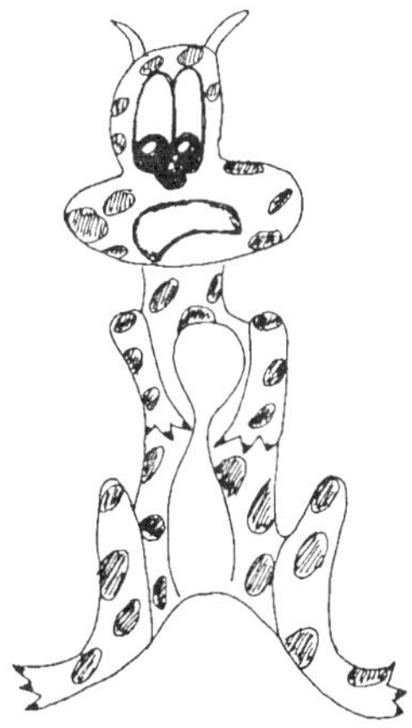

Comicfigur mit Binnenstruktur

[1] Beim Schummern wird der Stift schräg zum Papier gehalten und mit dem seitlichen Teil der Mine das Papier so eingefärbt, dass der einzelne Strich nicht sichtbar wird.

Zeichnen im Kunstunterricht

Der Kunstunterricht soll das Kind befähigen, seine Umwelt bewusster und strukturierter wahrzunehmen. Die praktische Arbeit hilft dem Kind, sich mit seiner Umwelt auseinander zu setzen und diese zu erfassen.

In der Kunstdidaktik werden sechs elementare Lernprozesse für den Bereich Zeichnen / Grafik definiert:

1. Grafisch differenzierte Einzelfigur
Der einzelne Gegenstand wird aus seiner Umwelt herausgelöst betrachtet und im Hinblick auf formale und funktionale Aspekte untersucht. Dabei soll die dem Kind zu eigene Schemaform überwunden werden und das Kind die richtige Kontur und Binnendifferenzierung erlernen.
(Regenbogenfisch, fliegender Teppich, Burgen und Schlösser, bekannte Bauwerke, Käfer & Co, Blätter)

2. Grafisch differenzierte Einzelfiguren in einem gegenseitigen Beziehungsgefüge
Das Kind lernt die Einzelfiguren in einen inhaltlichen Zusammenhang zu bringen, wobei die einzelnen Figuren sich gegenseitig formal beeinflussen sollen.
(Mein Comic)

3. Einzelfigur als Bildelement
Mit Hilfe von Ordnungsformen lernt das Kind eine Fülle von Einzelfiguren auf einen Bildgrund anzuordnen. Die gängigen Ordnungsformen sind: Streuung, Ballung, Verdichtung, Auflösung, Isolierung, Konzentration und Reihung.
(Die Schlange aus meinem Namen, Eisblumen, Blumenwiese nach Dürer)

4. Figur – Grund – Beziehung
Kinder neigen dazu, einzelne grafische Figuren sorgfältig auszugestalten, den bildnerischen Umraum jedoch „weiß" zu lassen. In diesem Lernprozess lernt das Kind neben der Figur auch das Umfeld wahrzunehmen und auszuarbeiten.
(Der Winterbaum, Blumenwiese nach Dürer, Comic)

5. Darstellung von Bewegung
Hier wird unterschieden zwischen grafischen Bewegungsspuren und der Darstellung der Illusion einer realen Bewegung, wie sie in Zeichentrickfilmen oder Daumenkinos zu finden sind.
(Bewegtes Comic)

6. Experimenteller Umgang mit grafischen Mitteln
Das Kind lernt mit Hilfe grafischer Elemente vorgegebene „Bilder" zu verändern oder vorhandenes grafisches Material zu nutzen um ein neues Bild zu entwickeln.
(Wortsalat, Mein Buchstabe, Schachbrettmuster einmal anders, Kastenkunst)

Material

Zeichnen kann man mit allem, was Spuren hinterlässt, wie zum Beispiel mit den Fingern im Sand oder weicheren Steinen auf der Straße.
Bleistifte, Buntstifte, Filzstifte, Kohle, Wachsmaler und Kreiden aller Art gehören zum „klassischen" Zeichenmaterial. Gezeichnet wird in der Regel auf Papieren unterschiedlicher Qualität und Farbe.

Bleistifte

Bleistifte gibt es in unterschiedlichen Härtegraden. 8H ist die härteste Variante. Je kleiner die Zahl vor dem H, desto weicher der Bleistift. HB ist eine mittlere Härte. Die weichen Bleistifte gehen von B bis hin zu 8B. Für den Schulgebrauch sind die harten Bleistifte nicht sonderlich geeignet, da Kinder dazu neigen fest mit dem Bleistift aufzudrücken und sie dann nur das Papier einritzen würden. Wir benutzen die weicheren Bleistifte von HB bis 4B. Auch zum Schreiben für Schulanfänger ist ein weicher Bleistifte, 2B, gut geeignet.
Wo mit Bleistiften gearbeitet wird, wird auch gerne radiert. Beim Skizzieren muss das Radieren grundsätzlich verboten werden, da dadurch der kreative Prozess ins Stocken gerät. Aber auch sonst sollte darauf verzichtet werden. Oft machen „fehlerhafte" Linien eine Zeichnung lebendiger und interessanter.
Mittlerweile gibt es viele Bleistifte auch in der für Schreibanfänger günstigeren Dreiecksform.

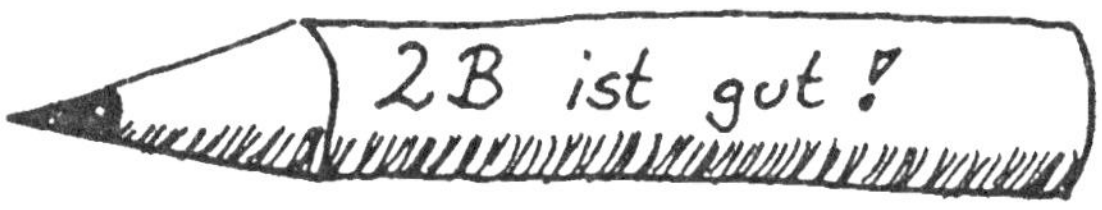

Buntstifte

Buntstifte gehören zur Grundausstattung eines jeden Federmäppchens und sind bei den Kindern sehr beliebt. Meistens werden Buntstifte zum „Ausmalen" benutzt, dem Kolorieren von Zeichnungen. Buntstifte eignen sich insbesondere in den ersten beiden Klassen als Zeichenmaterial, da von ihnen ein hoher Aufforderungscharakter ausgeht. Alle Gestaltungsaufgaben, die mit Bleistiften gemacht werden, können auch mit Buntstiften ausgeführt werden.

Filzstifte

Filzstifte, ebenfalls sehr beliebt bei den Kindern, haben sicherlich für manche Gestaltungsaufgaben ihre Berechtigung und eignen sich für den Schulgebrauch in farbiger Form eher zum Einfärben von Flächen, wenn aus dekorativen Gründen eine intensivere Leuchtkraft erzielt werden soll.
Da man mit Filzstiften eher dickere Linien zeichnen kann, halte ich so genannte Fineliner oder Tintenroller für geeigneter. Damit lässt sich hervorragend zeichnen lernen, da jede gezeichnete Linie stehen bleiben muss, eingearbeitet wird und Flächen mit Hilfe von Schraffuren oder Binnenstrukturen ausgearbeitet werden müssen.

Tusche und Feder

Das Zeichnen mit Tusche und Feder ist für Kinder eine außergewöhnliche Materialerfahrung. Durch die etwas ungleichen Linien und den ein oder anderen Klecks entstehen meist sehr ausdrucksstarke Zeichnungen. Auch mit Vogelfedern lässt sich prima arbeiten!

Tusche zeichnen finde ich gut weil das erinnert an früher wo die Kinder noch mit Feder und Tusche geschrieben haben. Auserdem geht es noch leser als mit Füller.

Füller

Der Füller der Kinder ist nicht nur als Schreibinstrument zu gebrauchen. Es lässt sich leichter mit ihm zeichnen als mit Tusche und Feder.

Kugelschreiber

Auch wenn er in Grundschulen nicht gerne gesehen wird, der „Kuli" ist ein Zeichenmaterial, mit dem man schnell und unkompliziert arbeiten kann.

Zeichenkohle

Die Zeichenkohle ist ein sehr schönes Material, welches in der Grundschule leider zu selten benutzt wird. Die Konsistenz der Kohle, die Natürlichkeit des Materials fasziniert Kinder meist so sehr, dass beim ersten Umgang mit diesem Material auch sehr viel verbraucht wird. Zur Arbeit mit Kohle benötigt man außerdem einen Knetgummiradierer, mit dem aus eingefärbten Stellen wieder Kohle abgenommen werden kann.

Wachsmalkreiden

Zur Grundausstattung von Schulanfängern gehören Wachsmalkreiden. Mit diesen lässt sich großzügig arbeiten, was im Schreiblernprozess genutzt wird. Durch ihren hohen Aufforderungscharakter sind sie insbesondere für den Zeichenunterricht im ersten Schuljahr geeignet.

Künstlerkreiden

Neben Wachsmalkreiden gibt es verschiedene Künstlerkreiden (Ölkreiden, Pastellkreiden, Rötel- und Graukreiden), die jedoch meist sehr teuer und daher für den allgemeinen Kunstunterricht uninteressant sind. Wenn Ihre Schüler jedoch noch keine Wachsmaler haben, rate ich Ihnen zu Jaxon-Kreiden oder Gallery Oil Pastell Kreiden, die qualitativ wesentlich besser als Wachsmalkreiden, aber erschwinglich sind.

Tafelkreide

Tafelkreide ist meist ausreichend in der Schule vorhanden. Mit Kreide auf den Schulhof zu zeichnen ist für die Kinder das größte Vergnügen.

Bezugsquellen

Das notwendige Zeichenmaterial findet sich oft schon im Federmäppchen der Kinder. Trotzdem lohnt es sich z. B. auch Bleistifte zu besorgen, da die Kinder meist nur Stifte mit einem Härtegrad besitzen.
Als Kunstlehrer besorgt man am besten das Material gesammelt oder beauftragt ein Elternteil mit dieser Aufgabe. Durch die Möglichkeit den Versand zu nutzen, ist dies auch keine aufwändige Aufgabe. Hier eine Auswahl von Adressen:

Labbé Verlag und Versand, Postfach 1425, D-50104 Bergheim
Bestelltelefon: 02271/49490; Internet: www.labbe.de/shop
In Köln und Düsseldorf gibt es Läden von Labbé, wer nicht in der Nähe wohnt, kann den Versand nutzen. Schon der Prospekt ist neben seinem Produktangebot mit praktischen Tipps und Ideen lohnenswert zu lesen. Auch die Internetseiten sind lesenswert. Neben sämtlichen Bastelmaterialien rund ums Jahr finden Sie hier geeignetes Zeichenpapier (500 Blatt), Fotokarton und Tonpapier für die Passepartouts, Bleistifte, Buntstifte, Wachsmalkreiden, Tuschen und Federn.

ALS-Verlag GmbH, Postfach 1440, D-63114 Dietzenbach
Tel.: 06074/82160; Internet: www.als-verlag.de
Im ALS-Verlag finden Sie neben einer großen Auswahl an Bastelmaterial, Papiere und Ölkreiden (Jaxon). Oft bietet ALS auch besondere Angebote, wie Tonpapier im Großpack zu günstigen Preisen.

Boesner, zentraler Versandservice Liegnitzer Str. 17, 58454 Witten
Tel.: 02302/910660; Internet: www.boesner.com
Direktverkaufsstellen gibt es in Witten, Köln, Forstlingen, Stuttgart, Frankfurt und Berlin. Dies ist ein Großhandel für Künstlerbedarf. Die Auswahl an Material ist riesig, (fast) alle Preis- und Qualitätsstufen sind hier erhältlich. Ein Muss für jeden, der selber malt. Neben einer riesigen Auswahl an Bleistiften, Buntstiften, Tuschen, Federn, Kohle und Kreiden findet man hier ausgefallene Papiersorten.

Gerstäcker Verlag, 53774 Eitorf, Postfach 1165
Tel.: 02243/8890; Internet: www.gerstaecker.com
Ebenfalls ein Großhandel für Künstlerbedarf für Künstler, Kunsterzieher und Therapeuten mit einer netten Web-Seite und einer großen Materialauswahl.

Tipp: Kunst im Internet
www.kunstunterricht.de
Von Herman Ludwig, einem Kunsterzieher, finden Sie ein umfassendes Angebot an allem, was Kunstlehrer im Netz interessieren könnte. Sie finden eine komfortable Suchfunktion und werden zur Mitarbeit eingeladen.

Büchertipps

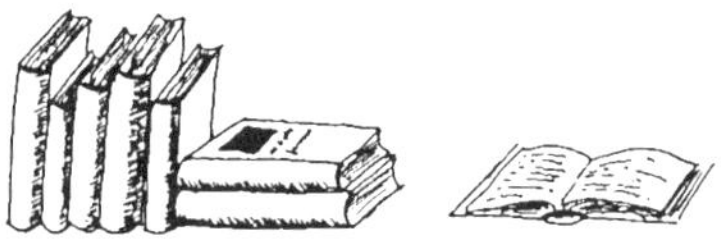

„Die Kunst der Zeichnung – Technik, Geschichte, Meisterwerke", Walter Koschatzky, Deutscher Taschenbuch Verlag
Das Grundlagenwerk für alle, die sich näher mit dem Thema Zeichnung beschäftigen möchten. Hier erhalten Sie Informationen zu sämtlichen Zeichentechniken und -materialien. Die Begriffe Punkt, Fleck, Linie, Fläche und Raum werden genauestens definiert. Außerdem erhalten Sie einen Überblick über die Funktion einer Zeichnung und die Bereiche der Zeichnung mit Beispielen aus der Kunstgeschichte.

„Zeichnen kreativ", Brian Bagnall, Bassermann-Verlag
Ein sehr schönes, mit anregenden Zeichnungen gespicktes Lehrbuch, falls es Sie gepackt hat und Sie selbst Lust aufs Zeichnen haben. Einige Ideen sind auch mit Kindern umsetzbar.

„Garantiert zeichnen lernen", Betty Edwards, Rowohlt-Verlag
Ein gut zum Selbststudium geeignetes Buch, welches insbesondere auf die Funktion der beiden Gehirnhälften eingeht und Ratschläge gibt, wie die kreative rechte Gehirnhälfte besser aktiviert werden kann um leichter zeichnen zu lernen. Viele Infos sind auch im Unterricht mit Kindern einsetzbar.

„Zeichnen lernen mit Kindern", Mona Brookes, Rowohlt-Verlag
Dieses Buch ist nicht nur für die Arbeit mit Kindern, sondern auch zum Selbststudium geeignet. Neben Ideen für Zeichenübungen finden Sie hier auch eine kleine Materialkunde.

„Grundschul-Praxis des Kunstunterrichts", Hermann Burkhardt, Otto Maier Verlag Ravensburg
Dieses schon 30 Jahre alte Buch erscheint im ersten Moment wenig attraktiv und gibt es vermutlich nicht mehr im Handel. Da es zur Standardausstattung einer jeden Grundschule gehörte, sollten Sie einmal Ihre Lehrerbücherei danach durchforsten. Es finden sich viele Anregungen, die etwas abgewandelt noch gut im Unterricht zu verwenden sind.

„Sie bauten eine Kathedrale", David Macaulay, Artemis-Verlag
„Wo die Pyramiden stehen", David Macaulay, Artemis-Verlag
„Eine Stadt wie Rom", David Macaulay, Artemis-Verlag
Diese drei Bücher eignen sich hervorragend als Anschauungsmaterial für die Kinder, da die Sachinformationen zu den Bauwerken und deren Entstehung jeweils mit äußerst detaillierten Zeichnungen versehen sind. Die Betrachtung dieser Zeichnungen motiviert die Kinder unglaublich, selbst jedes kleinste Detail einzuzeichnen.

Welches Thema für welches Schuljahr?

Zur besseren Übersichtlichkeit sind die Themen nach Schuljahren geordnet. Diese Einteilung ist als Vorschlag gedacht. Die vorgestellten Themen lassen sich grundsätzlich in allen 4 Schuljahren durchführen.
Die Qualität der Ergebnisse ist dabei abhängig von der Entwicklungsstufe des einzelnen Kindes, den motorischen Fertigkeiten und dem vorangegangenen Zeichenunterricht.

Viele der Themen sind mit Kindern im Alter von 6 bis 12 Jahren durchgeführt worden. Dabei hat es sich gezeigt, dass es sinnvoll ist, eine längere Unterrichtseinheit im Bereich Zeichnen durchzuführen. Die Kinder können dann gemachte Erfahrungen mit Material und Technik bewusster einsetzen. Haben ihre Kinder verschiedene Zeichenmaterialien erprobt, so können Sie ihnen die Materialwahl dann freistellen.

Bewertung von Zeichnungen

Im dritten und vierten Schuljahr kommt man leider um die Bewertung der Zeichnungen nicht herum. Es hilft Lehrern und Schülern, wenn die Bewertungskriterien vor dem Zeichenprozess gemeinsam überlegt und notiert werden.
In meinem Unterricht hat es sich bewährt, die Zeichnungen von der Klasse benoten zu lassen. Dabei bewerten die Schüler ihre Werke meist kritisch und recht objektiv und übereinstimmend. Damit die Zeichnungen nicht so stark mit dem Zeichner als Person in Verbindung gebracht wurden, haben wir die Ergebnisse durchnummeriert und uns mit Hilfe der Nummern verständigt.

Bei der Bewertung einer Zeichnung muss der Entwicklungsstand des einzelnen Schülers mit berücksichtigt werden. Somit ist es hilfreich, sich bei der Bewertung hauptsächlich auf die vorher mit den Kindern besprochenen Kriterien zu beziehen.
Die Zeichnungen eher ungeschickter Kinder wirken oft lebendiger und ansprechender, da sie oft schon eine individuelle „Handschrift" aufweisen.

Zu jedem Thema finden Sie Kriterien zur Leistungsbewertung, die Ihnen die Bewertung erleichtern soll. Eine befriedigende Leistung liegt meiner Meinung nach dann vor, wenn alle Kriterien erfüllt wurden. Eine Leistung, bei der einige Kriterien auffallend gut berücksichtigt worden sind, würde ich mit „gut" bewerten. Für eine sehr gute Leistung erwarte ich schon eine gewisse Individualität. Im Kunstunterricht gebe ich grundsätzlich keine schlechtere Note als „ausreichend", da die Bemühungen sich mit dem Thema zeichnerisch auseinander zu setzen schon eine ausreichende Leistung darstellen.

Der Regenbogenfisch im neuen Kleid (ab 1. Schuljahr)

Zeit: 2 – 3 Unterrichtsstunden
Material: eventuell Buch: Der „Regenbogenfisch", Marcus Pfister, Nord-Süd-Verlag, ISBN 3-314-00581-4, für jedes Kind eine Kopie des Fisches, einen Buntstift oder Bleistift

Lernziele:
- Binnendifferenzierung einer Einzelfigur
- (Er-)Finden dekorativer Musterungen
- Nutzen der Linie als Gestaltungselement

Einstieg:
Viele Kinder kennen das Bilderbuch vom Regenbogenfisch. Lassen Sie die Kinder die Geschichte erzählen oder lesen Sie das Bilderbuch vor.
Am Ende der Geschichte besitzt der Regenbogenfisch nur noch eine einzige Glitzerschuppe. Der Meeresgott ist über den Regenbogenfisch so glücklich, dass er ihn zur Belohnung verzaubert. Leider hat der Meeresgott nur noch eine einzige Farbe zur Verfügung, doch er hat einen ganz tollen Einfall: Über Nacht sollen alle „normalen" Schuppen ein wunderschönes Muster erhalten. Da der Meeresgott nicht so viele eigene Ideen hat, bittet er die Kinder um Mithilfe.

Vorgehensweise:
1. Das Kind entscheidet sich für eine Farbe und zeichnet zunächst einmal die Schuppen des Fisches.
2. Eine Schuppe darf als Glitzerschuppe bunt gestaltet werden oder, wenn Sie Glitzerpapier haben, darf jedes Kind eine Glitzerschuppe aufkleben.
3. Alle anderen Schuppen erhalten nun eine „Verzierung". Dabei sollten möglichst viele verschiedene Möglichkeiten gefunden werden.

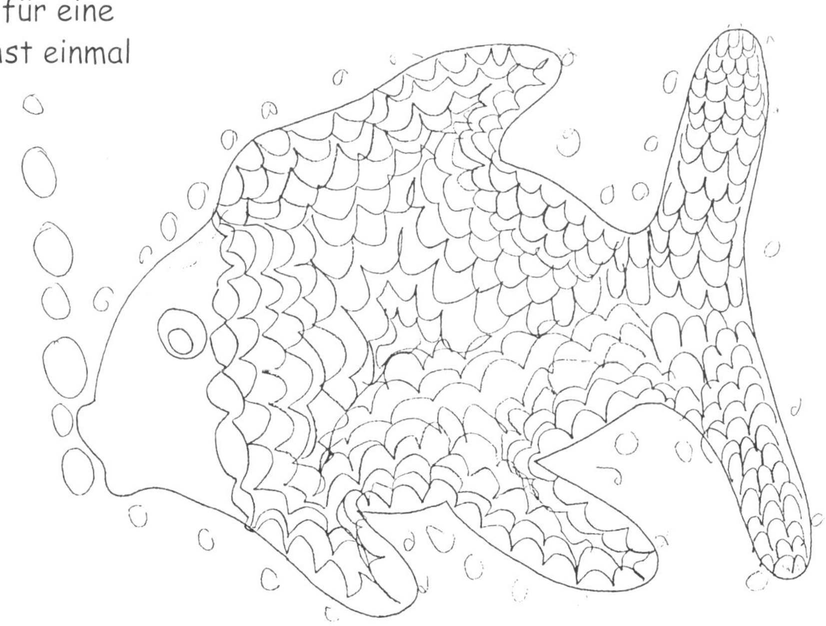

Kriterien zur Leistungsbewertung:
1. Ideenreichtum der Verzierungen
2. Durchhaltevermögen - Wurden alle Schuppen bearbeitet?
3. Wie sorgfältig ist die Ausarbeitung?

Variation des Themas:

Lassen Sie von Ihrer Klasse für einen großen Regenbogenfisch verschiedene Schuppen anfertigen. Dabei erhält jedes Kind einige vorgeschnittene Schuppen zum Gestalten, die anschließend auf den großen Fisch aufgeklebt werden. Falls Sie den Regenbogenfisch nicht abzeichnen können, erstellen Sie von der Kopiervorlage eine Folie und werfen Sie die Vorlage mit Hilfe eines OHPs auf einen Fotokarton und zeichnen Sie die Kontur nach.

Der Regenbogenfisch im neuen Kleid – Kopiervorlage

Der fliegende Teppich (ab 1. Schuljahr)

Zeit: 2 Unterrichtsstunden
Material: falls vorhanden Werbeprospekte von Teppichhäusern, eventuell Folie von Kopiervorlage 1, für jedes Kind eine Kopie der Kopiervorlage 2
1. / 2. Schuljahr: Bleistifte, Buntstifte
3. / 4. Schuljahr: Fineliner oder Tintenroller (Bleistifte gehen auch)

Lernziele:
- Nutzen von Musterungen zur Gestaltung eines symmetrischen Bildes
- Die Linie als dekoratives Gestaltungselement nutzen
- Gestaltung einer Fläche, die kein „unten" und „oben" hat
- farbliche Ausgestaltung (je nach Aufgabenstellung)

Einstieg:
Der Einstieg kann auf unterschiedliche Weise erfolgen:
a) über eine Geschichte vom fliegenden Teppich
b) Betrachtung von mitgebrachten Werbeprospekten, Ordnen der Bilder nach bestimmten Musterungen, Farben oder anderen Kriterien
c) Betrachtung der zeichnerischen Beispiele

Vorschlag Geschichte:
Kennt ihr die Märchen von 1000 und einer Nacht? Nun, diese Märchen spielen im Orient und dort gibt es auch fliegende Teppiche. Natürlich kann nicht jeder Teppich fliegen und nicht jeder kann mit einem Teppich fliegen. Eigentlich glauben auch die Menschen im Orient nicht an fliegende Teppiche. So auch Mustafa, ein Junge in eurem Alter. Mustafa stammt aus einer sehr armen Familie und darf nicht in die Schule gehen um zu lernen, sondern er muss jeden Morgen zur Arbeit gehen. Er ist stolz auf seine Arbeit, denn mit seinen kleinen Jungenhänden knüpft er geschickt an einem Teppich. Für seinen ersten Teppich brauchte Mustafa fast ein ganzes Jahr und dabei knüpfte er jeden Tag 10 Stunden ohne Pause. Auch wenn er hungrig war, konnte er keine Pause machen, da er nichts zu essen dabeihatte. Da seine Familie sehr arm ist, gibt es nur morgens und abends eine kleine Schüssel Reis. Heute ist trotz allem ein ganz besonderer Tag für Mustafa. Heute wird er seinen neuen Teppich fertig stellen. Auf diesen Teppich ist er mächtig stolz, denn das Muster hat er sich selbst ausgedacht. Aufgeregt knüpft er die letzten Knoten und legt seinen Teppich auf den Boden, so dass er ihn in seiner vollen Pracht bewundern kann. „Ein schöner Teppich, schade, dass ich ihn nicht mit nach Hause nehmen kann um ihn meinen Eltern zu zeigen. Mama wäre mächtig stolz auf mich.", seufzt Mustafa etwas traurig. Da kommt ihm eine geniale Idee. Er holt sich Stift und Papier und fängt an seinen Teppich zu zeichnen. Damit er die Muster besser abzeichnen kann, setzt er sich auf seinen tollen Teppich. Und was glaubt ihr, was geschieht? Richtig, der Teppich hebt ein wenig vom Boden ab und fliegt langsam zum Haus seiner Eltern. Als Mustafa fertig ist mit dem Zeichnen, befindet er sich wieder in der Teppichwerkstatt. Ob er wirklich mit seinem Teppich geflogen ist?
Wie könnte Mustafas Teppich ausgesehen haben?

Vorgehensweise:
1. Einteilen der Gesamtfläche in Einzelflächen: Rahmen, Mitte.
2. Ausgestaltung der einzelnen Flächen mit Mustern.
3. Die Muster müssen von allen Seiten „gut" aussehen.
4. Gezeichnet wird mit der Hand (kein Lineal!).
5. Farbliche Ausgestaltung

Schülerbeispiele aus einem 1. Schuljahr

Schülerbeispiele aus einem 3. Schuljahr

Kriterien zur Leistungsbewertung:

1. Ideenreichtum bei den einzelnen Mustern
2. Durchhaltevermögen – Wurde die Anfangsidee in der gesamten Zeichnung verfolgt?
3. Kann der Teppich von allen Seiten betrachtet werden?
4. Wie sorgfältig ist die Ausarbeitung?

Der fliegende Teppich - Kopiervorlage 1

Der fliegende Teppich - Kopiervorlage 2

Mein Winterbaum (ab 2. Schuljahr)

nach dem Gedicht „Ich male mir den Winter" von Josef Guggenmos

Zeit: 2 Unterrichtsstunden
Material: Gedicht (Kopiervorlage), ein DIN A4-Blatt in weiß oder hellblau, weiche Bleistifte (B2 bis B8), Radiergummi

Lernziele:
- Erproben unterschiedlicher Auftragsarten mit dem Bleistift
- Gestalten von Hintergrund und Vordergrund und Kennen lernen dieser Begriffe
- Umriss und Fläche als Begriffe erfahren
- Erzielen von Plastizität durch Hell-Dunkelwerte als Licht und Schatten
- Illustration eines vorgegebenen Textes

Einstieg:
Die Kinder erhalten jeder oder zu zweit eine Kopie des Gedichtes und lesen es sich gegenseitig vor.

Vorgehensweise:
Der Arbeitsauftrag, zu diesem Gedicht eine Zeichnung anzufertigen, wird begleitet durch eine klare, schrittweise Erklärung der einzelnen Schritte. Es bietet sich an, zur Gedächtnisstütze diese Schritte an der Tafel zu formulieren.

1. Schritt:
Das gesamte Blatt wird mit Hilfe der Schummertechnik mit dem Bleistift leicht grau eingefärbt. Dabei wird der Bleistift, möglichst ein weicher, so schräg gehalten, dass das Einfärben des Papiers mit der Seite der Mine erfolgt. Wichtig ist es, dass keine Striche sichtbar werden.

2. Schritt:
Der Umriss des Baumes wird aufgezeichnet. Dabei sollte man darauf hinweisen, dass es von der Komposition her spannender ist, wenn der Baum nicht genau in der Mitte des Blattes steht.

3. Schritt:
Der Baum erhält seinen Körper durch nochmaliges Einfärben des Stammes in grau, aber diesmal etwas dunkler als der Hintergrund.

4. Schritt:
Plastizität wird dadurch erzeugt, dass nun eine Seite des Baumes festgelegt wird, die im Schatten liegt. Diese Hälfte des Baumstammes wird noch eine Stufe dunkler gezeichnet. Dabei sollte der Stift so geführt werden, als ob man um den Baum herumzeichnet und nicht von oben nach unten. Die Äste erhalten auch jeweils eine dunklere Seite (oben oder unten).

5. Schritt:
Die beiden Krähen werden eingezeichnet.

6. Schritt:
Der eisige Nebel wird mit Hilfe des Radiergummis erzeugt. Immer leicht schräg von oben nach unten werden mit wenig Druck über das gesamte Bild helle Linien einradiert. Dadurch verbindet sich der Hintergrund wieder etwas mit dem Baum.

Vorschlag Tafelanschrieb:
1. Schritt: Das ganze Blatt leicht grau einfärben.
2. Schritt: Den Umriss des Baumes aufzeichnen.
3. Schritt: Den Baum etwas dunkler einfärben.
4. Schritt: Auf einer Seite des Baumes einen Schatten zeichnen, dabei den Stift von links nach rechts führen.
5. Schritt: Krähen zeichnen.
6. Schritt: Nebel radieren.

Variation:
Dieses Gedicht kann auch malerisch umgesetzt werden, mit dem Ziel verschiedene Grautöne zu ermischen. Dabei können die „Verwischungen" mit einem Tuch oder Schwämmchen durchgeführt werden.
Eine weitere Möglichkeit ist es, die Kopiervorlage mit dem Gedicht „illustrieren" zu lassen. Dabei muss der Text als Gestaltungselement mit einbezogen werden.

Kriterien zur Leistungsbewertung:
1. Wurden alle vorgegebenen Schritte durchgeführt?
2. Wie differenziert wurde der Baum dargestellt?
3. Wie sorgfältig wurde gearbeitet?

Mein Winterbaum – Kopiervorlage

Ich male mir den Winter

Ich male ein Bild,
ein schönes Bild,
ich male mir den Winter.
Weiß ist das Land, schwarz ist der Baum,
grau ist der Himmel dahinter.

Sonst ist da nichts,
da ist nirgends was,
da ist weit und breit nichts zu sehen.
Nur auf dem Baum,
auf dem schwarzen Baum,
hocken zwei schwarze Krähen.

Aber die Krähen,
was tun die zwei,
was tun die zwei auf den Zweigen?
Sie sitzen dort
und fliegen nicht fort.
Sie frieren nur und schweigen.

Wer mein Bild besieht,
wie´s da Winter ist,
wird den Winter durch und durch spüren.
Der zieht einen dicken Pullover an
vor lauter Zittern und Frieren.

(Josef Guggenmos)

Die Schlange aus meinem Namen (ab 2. Schuljahr)

Zeit: 0,5 bis 1 Unterrichtsstunde
Material: Stifte jeglicher Art, Papier in allen möglichen Formaten

Hinweis:
Diese Aufgabe ist gut geeignet um Kindern, die mit ihrer Arbeit früher fertig werden, eine zusätzliche Zeichenaufgabe anzubieten.

Lernziele:
- Name als grafisches Element erfassen und nutzen
- Gestaltung der gesamten Bildfläche
- kreativer Umgang mit Schrift

Einstieg:
„Stellt euch vor, eine Schlange bewegt sich über euer Papier. Sie schlängelt sich hin und her und rauf und runter. Es ist keine gewöhnliche Schlange, sondern sie besteht aus ganz vielen Einzelteilen, die fest miteinander verbunden sind. Jedes Einzelteil ist dein Name."
Um die Aufgabe allen klarzumachen bietet es sich an, eine Namensschlange mit dem Lehrernamen (oder dem Namen der Schule, des Geburtstagskindes ...) an der Tafel anzufangen.

Vorgehensweise:
Es muss den Kindern klargemacht werden, dass sie das Blatt Papier drehen dürfen. Bei Großformaten sollten die Kinder um das Papier herumgehen können.
Wichtig ist, dass möglichst das gesamte Blatt in die Komposition mit einbezogen wird.

Kriterien zur Leistungsbewertung:
Da eine eventuelle Note zu sehr mit dem Namen des Kindes in Zusammenhang gebracht werden kann, würde ich bei dieser Aufgabe auf eine Bewertung verzichten.

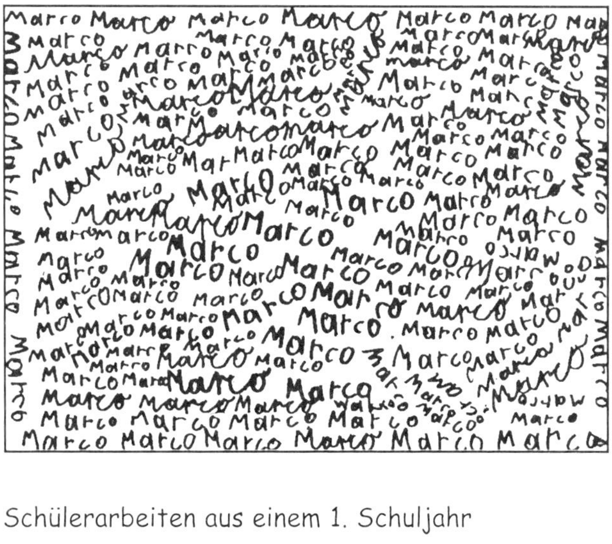

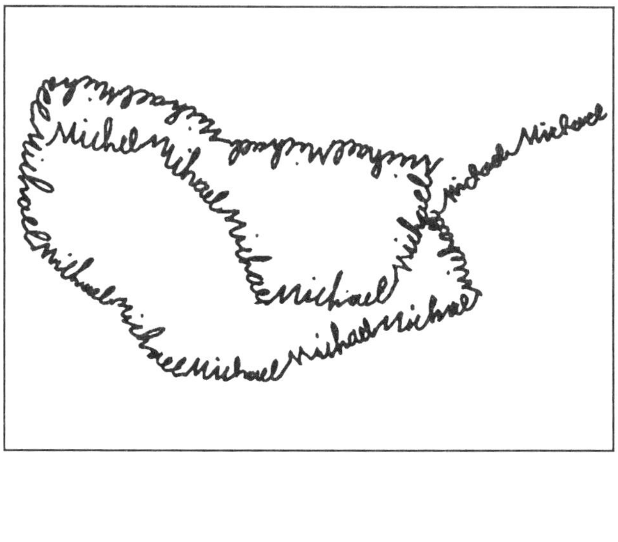

Schülerarbeiten aus einem 1. Schuljahr

Mein Buchstabe (ab 2. Schuljahr)

Zeit: 1 - 2 Unterrichtsstunden
Material: Folien der Kopiervorlagen 1 bis 3, pro Kind eine Kopie der Kopiervorlage 4, Bleistift B2, Radiergummi, Buntstifte oder Filzstifte, Papier (DIN A4)

Lernziele:
- Schrift / Buchstaben als grafische Gestaltungselemente erfahren und nutzen
- Begriffe Kontur, Fläche und Überschneidungen kennen lernen
- Überschneidungen von Konturen erproben
- Verfremden einer vorgegebenen Form

Einstieg:
Um den Kindern die Gestaltungsaufgaben begreiflich zu machen, bietet es sich an mit Hilfe von Folien zu arbeiten. Kopieren Sie die Kopiervorlagen 1 und 2 jeweils auf eine Folie und schneiden Sie diese an den gestrichelten Linien auseinander.

Legen Sie zuerst Folie 1 auf den OHP und klären sie die Begriffe Kontur (das ist die Umrisslinie des Buchstabens) und Fläche (das ist der von der Kontur eingegrenzte Teil des Buchstabens). Die Kinder sehen beim A zwei Konturen und zwei Flächen (beim B sogar drei Konturen und drei Flächen, beim C, W, M ... eine Kontur und eine Fläche).

Nun legen Sie Folie 2 über Folie 1 und lassen Sie die Kinder beschreiben, was nun mit Kontur und Fläche passiert ist - wie viele Flächen entstanden sind.
Im zweiten Schuljahr können Sie es dabei belassen, in den höheren Klassen würde ich die Folie 3 hinzufügen.

Vorübung:
Lassen Sie Ihre Kinder unbedingt Skizzen anfertigen. Bei einigen Anfangsbuchstaben (C, T, L, S, U) ist es für die Kinder schwieriger „gute" Überschneidungen zu erzielen. Geben Sie diesen Kindern den Tipp auch Schreibschriftbuchstaben zu benutzen oder die Buchstaben etwas nach links oder rechts zu verschieben.

Auch das Einfärben der Flächen lässt sich an der Skizze gut überlegen.

Vorgehensweise:

1. Der Anfangsbuchstabe des Namens des Kindes wird als Großbuchstabe formatfüllend mit Bleistift auf das Blatt gezeichnet.
2. Der gleiche Buchstabe wird als Kleinbuchstabe so darüber gezeichnet, dass er innerhalb des Großbuchstabens bleibt.
3. Ein von der Schriftart anderer Großbuchstabe wird ebenfalls darüber gezeichnet.
4. Ist das Ergebnis zufriedenstellend, werden alle Konturen mit schwarzem Filzstift nachgezogen.
5. Nun werden die entstandenen Flächen so eingeschwärzt, dass alle drei Buchstaben noch zu entdecken sind.

Variation:

Besonders interessante Ergebnisse erhalten Sie, wenn ein DIN A3-Blatt in der Mitte geknickt wird und der Buchstabe auf der einen Seite schwarz-weiß und auf der anderen Seite farbig ausgestaltet wird.

Kriterien zur Leistungsbewertung:

1. Wurde der Buchstabe formatfüllend gezeichnet?
2. Kann man alle 2 bzw. 3 Buchstaben noch erkennen?
3. Wurden die Flächen unterschiedlich bearbeitet (Strichrichtung, ganz geschwärzt, schraffiert)?
4. Wie sorgfältig ist die Ausführung?

Mein Buchstabe - Kopiervorlage 1

Folie 1

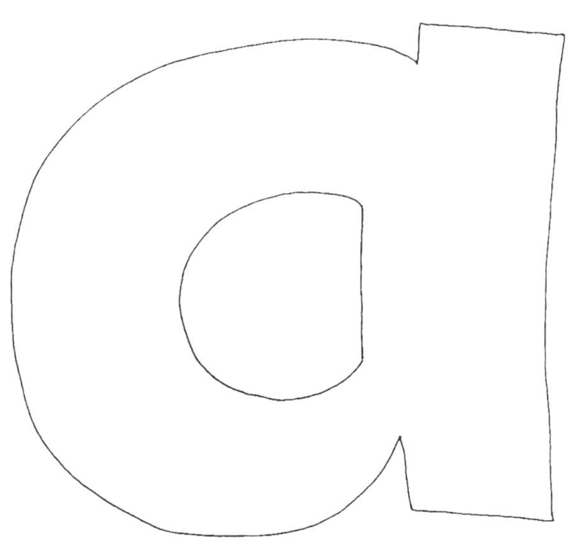

Folie 2

Mein Buchstabe - Kopiervorlage 2

Folie 3

Folie 4

Eisblumen – frei nach Paul Klee (ab 2. Schuljahr)

Zeit: 1 bis 2 Unterrichtsstunden
Material: farbiges Tonpapier oder Fotokarton (50 x 70 cm), möglichst in Blau-Tönen, Zauberkreide in Weiß, eventuell selbstklebende Glitzerfolie oder Alufolie, Bild von Paul Klee (Zeichnung zu „Pflanzen, Erd- und Luftreich", 1920, 22,4 X 18,6 cm, Tinte auf Papier) oder Folie der Kopiervorlage

Lernziele:
- Strukturierung und Musterung der Eisblumen durch die grafischen Gestaltungselemente Punkt, Linie und Fläche
- Finden eigener grafischer Zeichen für Pflanzen (Eisblumen)
- Nutzen der Reihung als Komposition

Info:
Paul Klee wurde am 18. 12. 1879 in der Schweiz geboren, besaß aber die deutsche Staatsbürgerschaft. Sein Vater war Musiklehrer, seine Mutter zeichnete gern. So lernte Paul Klee Geige spielen und malen. Nach dem Abitur entschied er sich für das Kunststudium, blieb der Musik jedoch stets verbunden. Seine Ehefrau war Klavierlehrerin. Da er anfangs kein Atelier besaß, arbeitete er am Küchentisch. Die Bildformate während dieser Zeit waren entsprechend klein. 1911 trat Klee in Kontakt mit Kandinsky und Franz Marc, die damals Redakteure des „Blauen Reiters" waren. Im April 1914 fuhren Paul Klee, August Macke und Louis Moilliet gemeinsam nach Tunis (Tunisreise). 1924 gründete Klee gemeinsam mit Kandinsky, Feininger und Jawlensky die Gruppe „Die blauen Vier". Er arbeitete am Bauhaus in Weimar und Dessau und als Professor an der Kunstakademie in Düsseldorf. 1933 emigrierte er in die Schweiz, 102 seiner Bilder wurden 1937 als entartete Kunst beschlagnahmt. Paul Klee starb am 29. 06. 1940 in der Schweiz. Er hinterließ über 8.600 Kunstwerke.
Paul Klee war Liebhaber und Kenner der Botanik. Als er berühmt wurde, flüchtete er oft mit seiner Frau am Wochenende ins Moorgebiet und bewunderte dort die wildwachsenden Orchideen. Die meisten Blumen konnte er exakt botanisch benennen. Er sammelte und presste Pflanzen, die er in Schaukästen ausstellte. Dabei ging es ihm nicht nur um die Schönheit der Natur, sondern er kannte auch die mythologischen Bedeutungen der Pflanzen.

Einstieg:
Falls Sie die Klee-Zeichnung als Vorlage zur Verfügung haben, können Sie diese mit den Kindern betrachten.

Falls nicht, nutzen Sie die Kopiervorlage und erzählen Sie von den Eisblumen:
Früher, als es noch keine Heizung gab, wurde im Winter nur die Küche beheizt. Im Schlafzimmer hingegen war es eisigkalt. Morgens, wenn man aufwachte und aus dem Fenster blickte, sah man ein wahres Kunstwerk an den Scheiben. Feuchtigkeit, die sich von innen an den Fenstern niederschlug, gefror an den eiskalten Scheiben zu so genannten Eisblumen. Und mit viel Fantasie konnte man die Blüten, die Stängel, Blätter

und Wurzeln dieser fantastischen Wunderwerke der Natur erkennen. Dabei glich keine Eisblume der anderen – jede war einmalig.

Vorgehensweise:

1. Lassen Sie die Kinder zunächst Skizzen mit Bleistift auf Schmierpapier anfertigen um verschiedene Eisblumen zu erfinden. Dabei ist es für die Kinder einfacher, wenn sie sich eine „Bodenlinie" zeichnen, an der die Eisblumen nebeneinander angeordnet werden.

2. Die fertige Skizze wird nun mit „Zauberkreide" (die Kreide wird vorher in Zuckerwasser gelegt, dadurch wird sie geschmeidiger, farbintensiver und haltbarer) auf den Fotokarton (oder das Tonpapier) übertragen.

Hinweis: Die Zauberkreide hinterlässt zunächst nur „nasse" Spuren. Diese werden beim Trocknen erst intensiv weiß!

3. Eventuell noch „Verzierungen" aus Glitzerfolie / Alufolie ausschneiden und aufkleben. Dabei haben wir uns auf die oberen Pflanzenteile beschränkt.

Kriterien zur Leistungsbewertung:

1. Wurden verschieden Eisblumen erfunden?
2. Wie detailliert ist die Ausarbeitung?
3. „Passen" die Wurzeln zum oberen Teil der Pflanze?
4. Wurden Punkt, Linie und Fläche eingesetzt?
5. Gelang es das Prinzip der Reihung zu nutzen?
6. Wie sorgfältig wurde gearbeitet?

Variation des Themas:

Interessante Ergebnisse erzielen die Kinder auch, wenn man auf schwarzem Fotokarton mit bunten Zauberkreiden diese Blumen zeichnet. Man könnte diese dann Eisblumen aus dem Regenbogenland, Zauberblumen ... nennen.

Eisblumen – Kopiervorlage

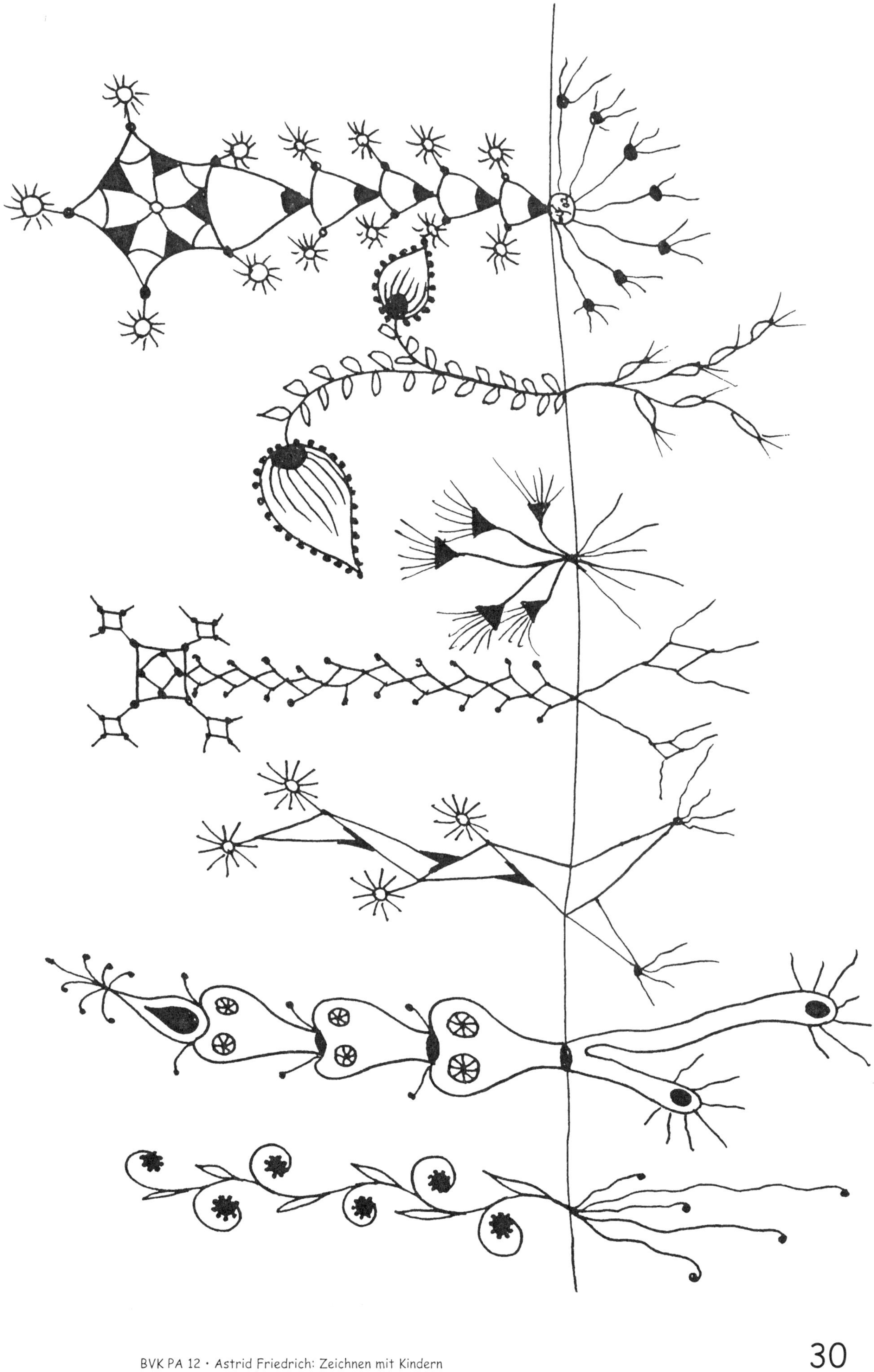

Zeichendiktat (ab 2. Schuljahr)

Zeit: 1 Unterrichtsstunde
Material: Farbkasten (Farben: Schwarz, Rot, Gelb, Blau), Borstenpinsel, Mal- oder Zeichenpapier

Lernziele:
- Festigung der Begriffe „Punkt, Linie, Fläche"
- Einsetzen der Bildelemente nach genauer Vorgabe
- Erstellen eines „Gemeinschaftsbildes"

Hinweis:
Das Zeichendiktat ist eine äußerst spannende und motivierende Aufgabe für die Kinder. Das Besondere daran ist, dass der Lehrer jeweils eine Aufgabe gibt, die Kinder diese Aufgabe durchführen und dann das Blatt an ihren linken Nachbarn weiterreichen. Es erfolgt die nächste Aufgabe usw. Die Anzahl der Aufgaben richtet sich nach der Anzahl der Kinder in der Klasse. Jedes Kind sollte auf jedem Blatt eine Aufgabe erfüllt haben und bei der letzten Aufgabe wieder „sein" Blatt in der Hand halten.
Benutzen Sie den Begriff „Zeichnen" für das Zeichnen von Punkten und Linien, den Begriff „Malen" für das Einfärben einer Fläche.
Sie können das Zeichendiktat natürlich auch mit anderen Zeichenmaterialien wie Buntstifte und Bleistifte oder Kreiden durchführen. Das Ergebnis hat jedoch mit Wasserfarben die schönste Wirkung. Statt schwarzer Wasserfarbe kann man auch Tusche benutzen, dies wird dann jedoch eine teure Angelegenheit.

Einstieg:
Vor dem Zeichendiktat werden die Begriffe Punkt, Linie und Fläche sowie Hoch- und Querformat nochmals wiederholt.

Vorgehensweise:
Jedes Kind erhält ein Mal- oder Zeichenpapier, welches es mit seinem Namen versieht. Die erste Aufgabe führt das Kind auf „seinem" Blatt aus.

Aufgaben:
1. Zeichne 10 möglichst kleine Punkte, die du über das ganze Blatt verteilst.
2. Zeichne 10 dicke Punkte, die du über das ganze Blatt verteilst.
3. Verbinde 2 kleine Punkte durch eine Linie.
4. Verbinde 2 dicke Punkte durch eine Linie.
5. Verbinde einen kleinen und einen dicken Punkt durch eine Linie.
   (Die Aufgaben 1 bis 5 können ab hier 1 bis 2 Mal wiederholt werden!)
6. Lege das Blatt im Querformat vor dich und zeichne etwa in der Mitte des Blattes eine Linie vom linken zum rechten Bildrand.
7. Zeichne oberhalb der Linie, die das Blatt teilt, 10 möglichst kleine Punkte.
   (Diese Aufgabe kann nochmals wiederholt werden.)

8. Zeichne unterhalb der Linie 4 Schlangenlinien, die an der Linie anfangen und am unteren Bildrand enden. Dabei sollten keine Punkte berührt werden.
9. Zeichne unterhalb der Linie 5 Schlangenlinien, die an der Linie anfangen und am unteren Bildrand enden. Dabei sollten keine Punkte berührt werden.
10. Verbinde oberhalb der Linie 3 Punkte zu einem Dreieck.
11. Verbinde oberhalb der Linie 4 Punkte zu einem Viereck.
12. Zeichne um einen Punkt einen Kreis.
    (Die Aufgaben 10 bis 12 können nochmals wiederholt werden!)
13. Male das Dreieck (die Dreiecke) rot aus.
14. Male das Viereck (die Vierecke) blau aus.
15. Male den Kreis (die Kreise) gelb aus.

Da es sich bei diesem „Diktat" um eine Gemeinschaftsarbeit handelt, fällt eine mögliche Leistungsbewertung weg!

Variation des Themas:
Die vorgegebenen Aufgaben sind als Ideensammlung zu verstehen. Sie können die Aufgaben durchaus variieren oder verändern. Damit ein kompositorisch ansprechendes Ergebnis herauskommt, ist die Aufgabe Nr. 6 sehr wichtig. Durch die Einteilung der Bildfläche in oben und unten kann man dem Bild einen Schwerpunkt geben. Im unteren Bereich können auch gerade Linien angeordnet werden.
Es können auch alle Punkte miteinander verbunden werden. Dann sollte man das Einfärben auf wenige Flächen beschränken, damit der Charakter einer Zeichnung erhalten bleibt.

Schachbrett-Muster einmal anders (ab 3. Schuljahr)

Zeit: 2 Unterrichtsstunden
Material: Kopiervorlage 1 auf Folie, für jedes Kind eine Kopie der Kopiervorlage 2, Fineliner oder Tintenroller oder gut gespitzte Bleistifte

Lernziele:
- Kennen lernen der Linie als Gestaltungselement
- Erfinden einer Binnenstruktur als Bildelement
- Entwickeln eines Musters durch rhythmische Wiederholung einzelner Bildelemente
- sorgfältiger und konzentrierter Umgang mit dem Zeichengerät
- Erproben einer Reihe von Möglichkeiten der Binnendifferenzierung

Hinweis:
Dieses Thema eignet sich besonders als Vorübung für differenzierte Zeichenübungen und kann daher immer mal wieder als Übung vor einer aufwändigeren Zeichenaufgabe wiederholt werden.

Einstieg:
Als Einstieg wird auf einem OHP eine Folie vom „Schachbrett" (Kopiervorlage 1) gezeigt. Die Kinder überlegen, wie das angefangene Muster weitergehen könnte. Es bietet sich an, an der Tafel Grundmuster anzuzeichnen, um schwächeren Schülern eine Ideensammlung an die Hand zu geben.

Beispiele für Grundmuster:

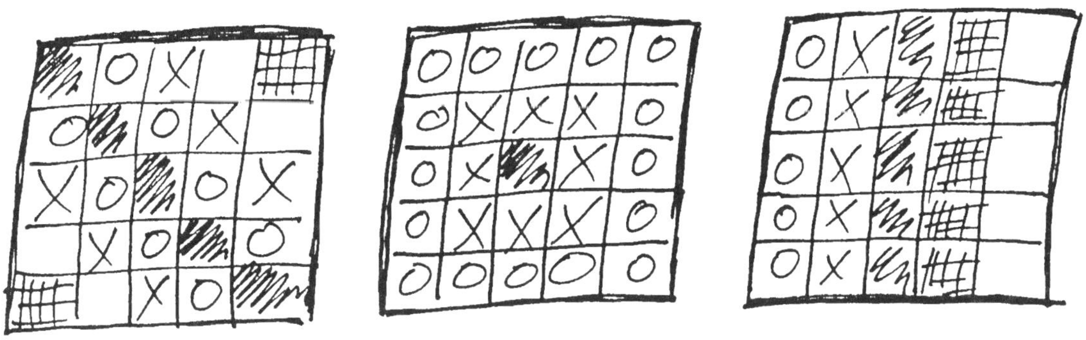

Vorgehensweise:
1. Ein Muster für die Gesamtfläche muss überlegt werden.

2. Die einzelnen Quadrate werden mit einer Struktur ausgezeichnet. Dabei soll die ganze Fläche bearbeitet werden. Als Gestaltungselement ist nur die gerade Linie erlaubt. Diese wird per Hand und nicht mit dem Lineal gezogen.

Variation:

- Als Gestaltungselemente können statt gerader Linien nur gebogene Linien erlaubt werden.
- Der Punkt als grafisches Element darf mit eingesetzt werden.
- Lässt man farbige Fineliner oder Tintenroller zu, kann mit Farbe und Struktur experimentiert werden. Die einzelnen Quadrate des Schachbrettmusters lassen sich beliebig vergrößern, so dass differenziertere Strukturen gefunden werden müssen.

Quadratische Notizzettel können einzeln mit einer Struktur ausgezeichnet werden. Die einzelnen Ergebnisse werden als Gemeinschaftsarbeit zu einem großen Schachbrett aufgeklebt.

Kriterien zur Leistungsbewertung:

1. Wie vielfältig sind die gefundenen Strukturen?
2. Wie differenziert ist jede Einzelfläche ausgestaltet?
3. Ergeben die gestalteten Einzelflächen ein Gesamtmuster?
4. Wie sorgfältig ist die Ausführung?

Schülerbeispiele aus einem 3. Schuljahr:

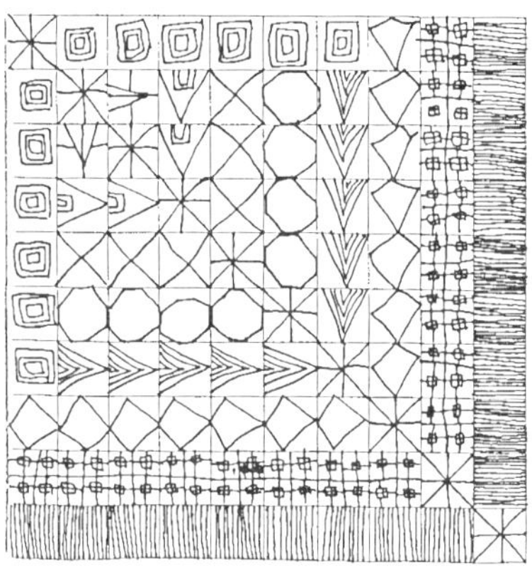

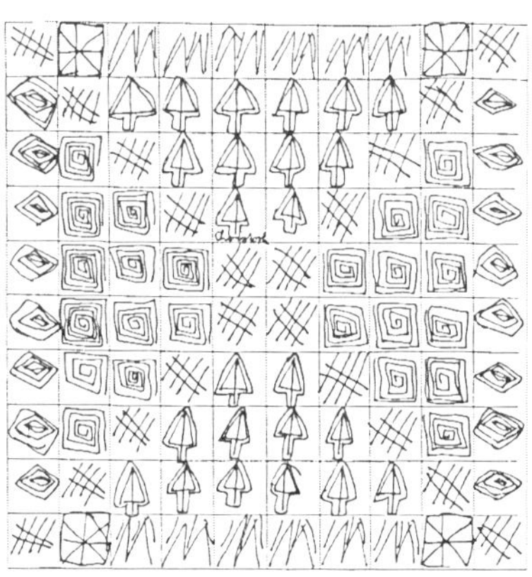

Schachbrett-Muster einmal anders - Kopiervorlage 1

Schachbrett-Muster einmal anders - Kopiervorlage 2

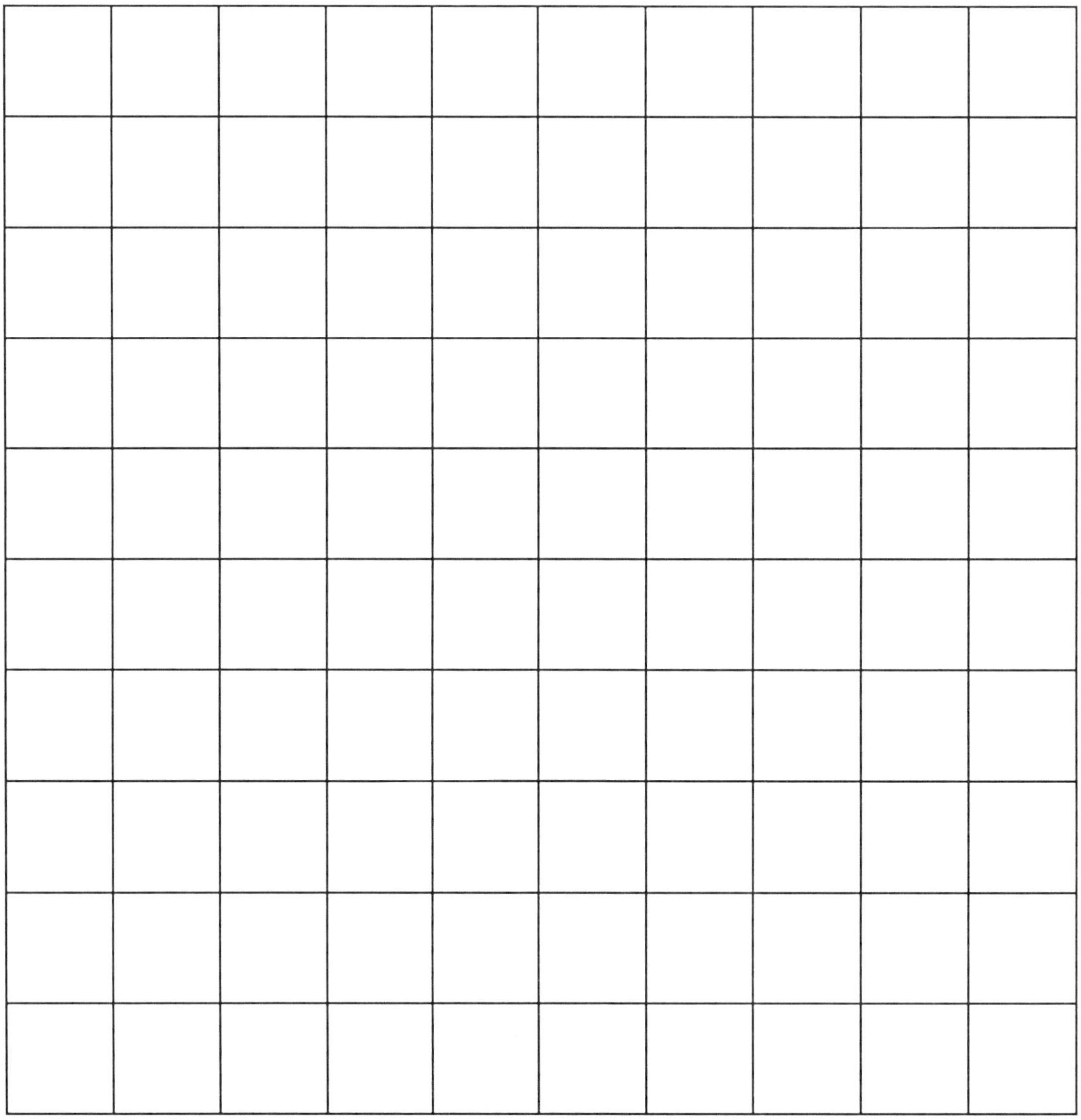

Burgen und Schlösser (ab 3. Schuljahr)

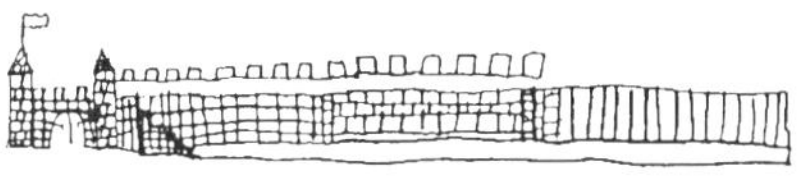

Zeit: 2 – 3 Unterrichtsstunden
Material: Bleistift (Härtegrad 2b), Zeichenpapier DIN A3, Skizzenpapier, falls vorhanden Buch von David Macaulay „Sie bauten eine Kathedrale" (siehe Büchertipps) oder eine Folie der hier abgebildeten Schülerarbeiten

Lernziele:
- grafische Binnendifferenzierung eines Gebäudes mit vielen Details
- Finden unterschiedlicher grafischer Zeichen für unterschiedliche Materialien, z. B. für Mauerwerk, Holz, Metall oder Vegetation
- Nutzen der grafischen Elemente Punkt und Linie
- sorgfältiger und konzentrierter Umgang mit dem Zeichengerät

Hinweis:
Als Vorübung zu diesem Thema bietet sich die Aufgabe „Schachbrett-Muster einmal anders" an.

Einstieg:
Die Abbildungen des Buches „Sie bauten eine Kathedrale" bieten sich gut als Einstieg an, da den Kindern sofort deutlich wird, dass ein Gebäude nicht nur aus dem Umriss, Fenstern und Türen besteht. Die detaillierte Ausgestaltung der Mauern, Dachziegeln, Fenster und Türen ist für die Kinder so beeindruckend, dass sie motiviert werden auch ihre Burgen und Schlösser detailliert auszuarbeiten.
Können Sie darauf nicht zurückgreifen, erstellen Sie sich eine Folie der abgebildeten Schülerarbeiten.
Besprechen Sie mit den Kindern grafische Darstellungsmöglichkeiten von Mauerwerk, Dachziegeln, Holz, Bäumen und Gräsern. Lassen Sie Beispiele an die Tafel zeichnen.

Beispiele:

Vorgehensweise:

1. Die Kinder fertigen Konturskizzen an. Dabei müssen sie beachten, dass das Bildformat ausgefüllt ist und zum gewählten Gebäude passt (Hoch- oder Querformat).

2. Die Konturskizze wird auf das Zeichenpapier übertragen.

3. Jetzt werden die verschiedenen Binnenstrukturen überlegt, eventuell auf der Skizze ansatzweise erprobt und eingezeichnet.

Kriterien zur Leistungsbewertung:

- Passt das gewählte Bildformat zum Gebäude?
- Wurden für unterschiedliche Materialien verschiedene grafische Zeichen verwendet?
- Wie sorgfältig und ideenreich ist die Ausgestaltung?

Variation des Themas:

Dieses Thema lässt sich ebenfalls mit Fineliner, Tusche, Füller oder Kugelschreiber durchführen.

Bekannte Bauwerke (ab 3. Schuljahr)

Zeit: 3 – 4 Unterrichtsstunden
Material: Vorlagen von bekannten Bauwerken (Fotos, Zeichnungen), Zeichenpapier, Tusche (Chinatusche), Federhalter und Spitzfeder (oder Schulfeder zum Zeichnen und Schreiben), Skizzenpapier, Bleistift (Härtegrad 2b)

Lernziele:
- Erfassen und Wiedergeben einer vorgegebenen Form
- grafische Binnendifferenzierung des Gebäudes mit vielen Details
- Anwenden unterschiedlicher grafischer Zeichen für unterschiedliche Materialien
- Nutzen der grafischen Elemente Punkt und Linie
- Kennen lernen des Zeichengerätes Feder und Tusche
- sorgfältiger und konzentrierter Umgang mit dem Zeichengerät

Hinweis:
Zeichnen mit Tusche und Feder ist für die Kinder sehr motivierend und spannend. Chinatusche ist zwar nicht preiswert, jedoch sehr ergiebig. Um mit allen Kindern gleichzeitig zeichnen zu können, benötigt man 1 bis 2 Tuschegläschen (à 11 ml) für jeweils 4 Kinder. Arbeitet man häufiger mit Tusche, lohnt es sich zum Nachfüllen der kleinen Gläschen eine 500 ml Flasche zu kaufen. Die Tuschefedern müssen nach dem Gebrauch gut mit Wasser gesäubert werden.
Wichtig ist es, die Tische abzudecken, da es immer mal passieren kann, dass ein Gläschen umkippt. Die Flecken gehen nicht mehr ganz weg!
Besprechen Sie vorher mit den Kindern den verantwortungsvollen Umgang mit diesem Material und Sie werden sehen, wie sorgsam die Kinder arbeiten.

Einstieg:
Wir hatten im Sachunterricht unsere Stadt als Thema und daraufhin Abbildungen der wichtigsten Gebäude gesammelt. Diese habe ich mehrfach kopiert und auf Karteikarten aufgeklebt. Jedes Kind konnte sich ein Gebäude aussuchen und es zeichnerisch umsetzen.
Vorher hatten die Kinder das Thema „Burgen und Schlösser" bearbeitet.

Vorgehensweise:
1. Nach Auswahl des Gebäudes fertigen die Kinder eine Konturskizze mit Bleistift an.

2. Diese Konturskizze wird mit Bleistift übertragen. Dabei wird mit dem Bleistift nur ganz sanft aufgedrückt, so dass die Bleistiftlinien nur schwach zu sehen sind.

3. Bevor das Kind anfängt mit Tusche zu zeichnen, sollten Sie als Lehrer die richtige Handhabung zeigen:
- Feder ins Tuschegläschen eintauchen
- vor dem Herausnehmen Feder am Gläschenrand leicht abstreifen
- erste Strichversuche auf einem Schmierblatt durchführen
- beim Zeichnen nicht fest aufdrücken, Feder immer ziehen, nicht schieben
- wird der Zeichenstrich zu „trocken", Feder erneut in die Tusche eintauchen
- eventuelle Kleckse vorsichtig mit einem Papiertaschentuch aufsaugen

4. Nach einigen Vorübungen auf einem Schmierpapier fangen die Kinder meist unbefangen mit ihrer Zeichnung an. Zuerst werden die Konturlinien nachgezogen. Eventuelle Kleckse müssen mit in die Zeichnung eingearbeitet werden.

5. Nun erfolgt die Ausarbeitung der einzelnen Flächen. Dabei müssen die Kinder beachten, dass sie von oben nach unten arbeiten und feuchte Linien nicht verwischen.

Kriterien zur Leistungsbewertung:

1. Ist das zu zeichnende Gebäude wieder zu erkennen?
2. Wie detailliert ist die Binnendifferenzierung?
3. Wurden „Fehler" (Kleckse o. Ä.) geschickt mit eingearbeitet?
4. Wie sorgfältig wurde gearbeitet?

Käfer & Co (ab 3. Schuljahr)

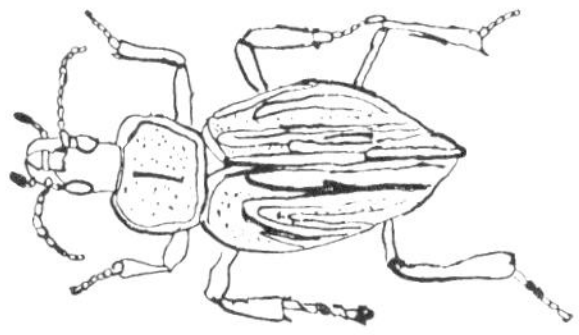

Zeit: 1 – 2 Unterrichtsstunden
Material: Vorlagen von Käfern, Spinnen, Insekten aller Art (Fotos oder Zeichnungen), Zeichenpapier (DIN A4), Tusche (Chinatusche), Vogelfedern, Bleistift

Lernziele:

- Erfassen und Wiedergeben einer vorgegebenen Form
- grafische Binnendifferenzierung mit vielen Details
- Nutzen der grafischen Elemente Punkt und Linie
- Kennen lernen des Zeichengerätes Vogelfeder und Tusche
- sorgfältiger und konzentrierter Umgang mit dem Zeichengerät

Info:

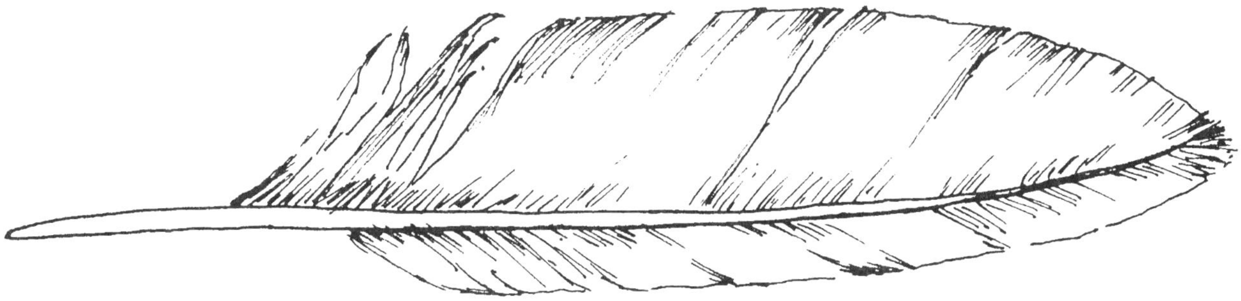

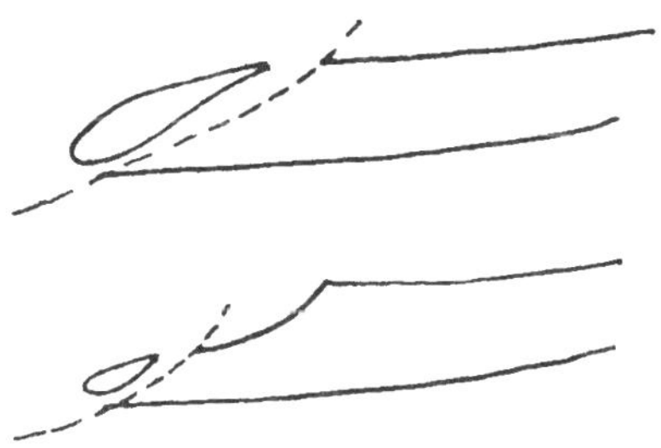

Seit dem 6. Jahrhundert n. Chr. ist der so genannte Gänsekiel, die penna, zumindest literarisch nachweisbar und seit dem 12. Jahrhundert als Zeichenmittel geläufig. Vom frühen Mittelalter bis in das 19. Jahrhundert wurde diese Feder das gebräuchlichste Zeichenmittel und hat die Zeichenkunst begleitet. Sie galt auch als Symbol der Gelehrsamkeit.
Die Feder aus den Schwingen der Gänse wurde am Kiel zugeschnitten.
Auch frühe Meisterzeichnungen wurden erst mit Bleistiften (Bleigriffeln) vorgezeichnet, damit dem Künstler Korrekturmöglichkeiten blieben. Als die großen Meister der Federzeichnung gelten u. a. Leonardo, Dürer, Rembrandt und Raffael.

Hinweis:
Wir haben Federn aller Art gesammelt (von Raben, Elstern, Tauben, sogar Schwanzfedern vom Wellensittich). Der Kiel muss relativ stabil sein. Es ist nicht notwendig ihn zuzuschneiden – man kann den Federkiel so in die Tusche eintauchen und damit zeichnen. Für die Kinder eine beeindruckende Erfahrung!

Abbildungen Käfer:
Bei Labbé (s. Bezugsquellen) gibt es 16 verschiedene exotische Käferabbildungen, die als Fensterbilder zum Ausmalen gedacht sind. Diese eignen sich hervorragend als Zeichenvorlagen, da auch die Binnenstrukturen schon eingezeichnet sind. Aber auch in „Was ist was?" – Büchern oder ähnlichen Sachbüchern findet man ausreichende Abbildungen, die man kopieren und auf Karteikarten kleben kann.

Vorgehensweise:
Die Vorgehensweise ist dieselbe wie beim Thema „Bekannte Bauwerke".
Die Eigenart der „echten" Federzeichnung liegt darin, dass es mit einer Vogelfeder kaum möglich ist gleichmäßige Linien zu zeichnen. Dadurch erscheint die Linie lebendiger, fast malerisch und erinnert an die Rohrfederzeichnung.
Filigrane Zeichnungen sind mit der Vogelfeder nicht möglich. Kleckse tauchen hierbei eher auf.

Kriterien zur Leistungsbewertung:

1. Ist die vorgegebene Figur wieder zu erkennen?
2. Wie detailliert wurde die vorgegebene Figur nachgezeichnet?
3. Wie differenziert ist die Binnenstruktur ausgearbeitet?
4. Wie sorgfältig wurde gearbeitet?

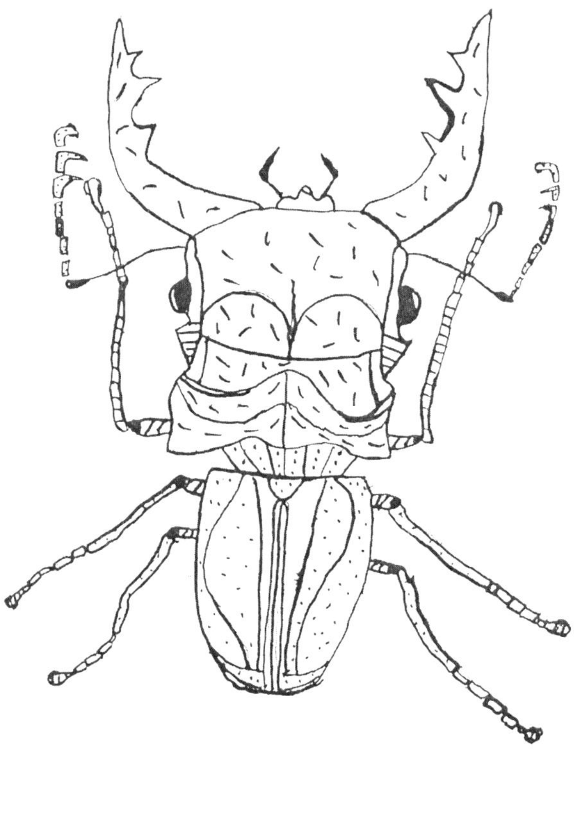

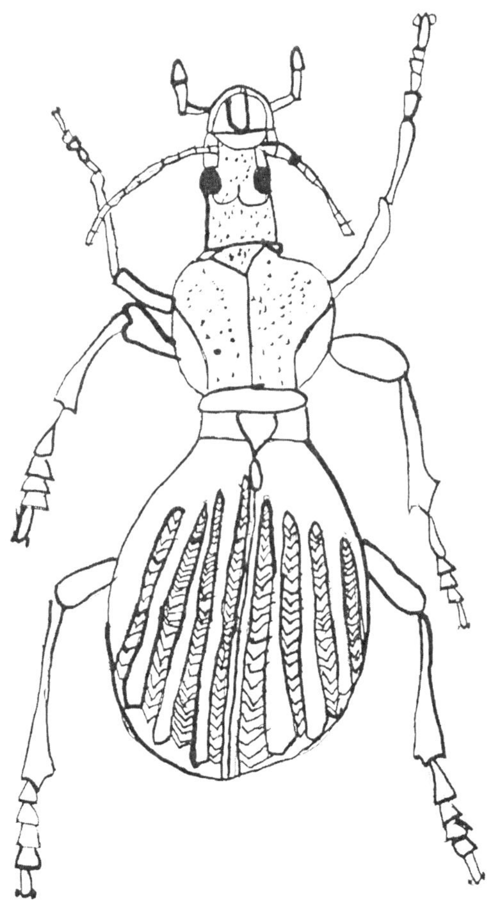

Blätter und ihre Adern (ab 3. Schuljahr)

Zeit: 1 – 2 Unterrichtsstunden
Material: Blätter von Bäumen und Büschen, weiche Bleistifte (Härtegrad 4b bis 6b), Zeichenpapier DIN A4, Tusche (Chinatusche), Vogelfedern oder Zeichenfedern mit Federhaltern

Lernziele:
- Abzeichnen eines realen Gegenstandes, hier des Blattes
- Frottage als Technik und zeichnerische Hilfe kennen lernen
- Erfassen und Wiedergeben einer vorgegebenen Form
- Kontur als Formbegrenzung erfahren
- Struktur als Binnendifferenzierung erfahren
- grafische Binnendifferenzierung mit vielen Details
- Nutzen des grafischen Elementes Linie

Info:
Die Frottage ist eine Durchreibetechnik. Über strukturiertes Material, hier der Unterseite eines Blattes, wird ein Blatt Papier gelegt und mit Hilfe eines weichen Bleistiftes die Struktur des Blattes durchgerieben. Max Ernst nutzte als erster Künstler diese grafische Technik.

Einstieg:
Die Kinder erhielten den Arbeitsauftrag verschiedene Blätter zu sammeln. Am besten geeignet sind frische Blätter, da getrocknete Blätter bei der Frottage zerbröseln.

Vorgehensweise:

1. Die mitgebrachten Blätter werden genau betrachtet, Unterschiede von Vorder- und Rückseite beschrieben und dann jeweils frottiert. Dabei sollte für jedes Blatt ein neues Zeichenpapier benutzt werden.

2. Nun werden die Ergebnisse betrachtet und die Begriffe Kontur und Struktur geklärt.

3. Aufgabenstellung: Zeichne ein Blatt mit Tusche ab. Achte dabei auf die vielen Adern des Blattes.

4. Weitere Vorgehensweise wie beim Thema „Bekannte Bauwerke" (S. 39).

Kriterien zur Leistungsbewertung:

1. Wie sorgfältig wurde die Frottage ausgeführt?
2. Gelang es, die durch die Frottage vorgegebene Form mit Tusche abzuzeichnen?
3. Wie detailliert ist die Binnendifferenzierung?
4. Wie sorgfältig wurde gearbeitet?

Variation des Themas:

1. Die Frottagen können auch als Zeichengrundlage genutzt werden. Dabei werden mit Tusche alle wichtigen Linien in der Frottage nachgezogen.

2. Bei Labbé (s. Bezugsquellen) gibt es naturgetreue Blattformen der 16 bekanntesten Laubbäume, die zum Ausmalen gedacht sind. Diese eignen sich hervorragend als Zeichenvorlagen, da auch die Blattadern schon eingezeichnet sind. Falls keine Blätter für die Frottage vorhanden sind, bieten diese Vorlagen eine gute Alternative.

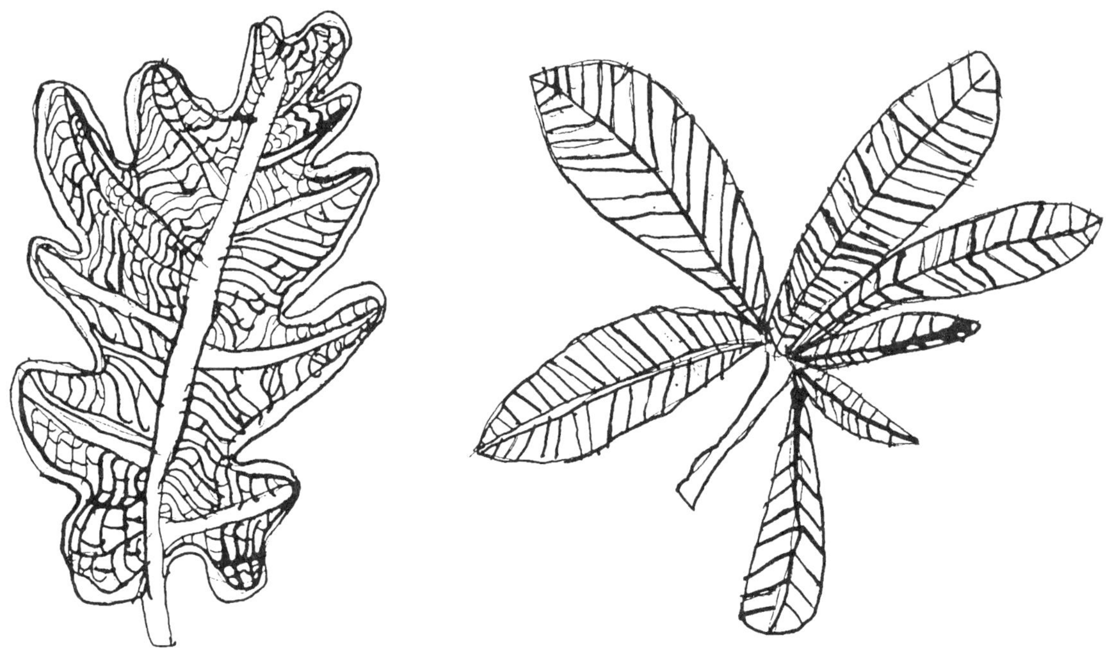

Blumenwiese nach Dürer (ab 3. Schuljahr)

Zeit: 2 – 3 Unterrichtsstunden
Material: Farbfolie der Kopiervorlage, Zeichenpapier DIN A3, Zeichenkohle, Knetradierer (Radiergummi für Zeichenkohle), Haarlack zum Fixieren, Schmierpapier, Bleistift

Lernziele:
- Setzen von Bildzeichen in ein Beziehungsgefüge
- Nachzeichnen von Pflanzen
- Natur als Anlass zum Zeichnen erleben
- Nutzen der Reihung als Komposition

Info:
Albrecht Dürer, Künstler der Renaissance, wurde am 21. Mai 1471 in Nürnberg geboren. Sein Vater, Goldschmied, und seine Mutter hatten 18 Kinder, Albrecht Dürer war das dritte Kind.
Nach der Schule lernte er in der Werkstatt seines Vaters das Goldschmiedehandwerk. Dabei ließ er bereits eine ungewöhnliche künstlerische Begabung erkennen. Mit 15 Jahren wechselte Albrecht in die Werkstatt des Nürnberger Malers Michael Wolgemut, einem Meister des spätmittelalterlichen Stils. Drei Jahre später ging er 1490 auf Wanderschaft und gelangte im Sommer 1492 in die Stadt Colmar im Elsaß, wo er den größten deutschen Kupferstecher der älteren Generation, Martin Schongauer, kennen lernen wollte. Dieser war jedoch schon im Februar 1491 gestorben. Bei den Brüdern des toten Meisters lernte er einige technische Besonderheiten und reiste dann weiter nach Basel, Straßburg, später u. a. auch nach Venedig. Im Laufe der Jahre eignete sich Dürer alles an, was die zeitgenössischen italienischen Meister ihn lehren konnten. Er beschäftigte sich mit der Wissenschaft der Perspektive und dem Studium der menschlichen Proportionen. Als Zeitgenosse Martin Luthers beschäftigte er sich auch mit den humanistischen Gedanken aus Italien und den reformierten Zielen der neuen Frömmigkeit in Deutschland. Als Künstler war es ihm wichtig zu zeigen, dass er nicht nur ein grandioser Zeichner, sondern auch ein Meister der Farbe und der Malerei war. Auf seinen Reisen fertigte er unzählige Skizzen an. Seine letzten Lebensjahre widmete er der Veröffentlichung seiner Schriften. Am 6. April 1528 starb er im Alter von 57 Jahren in Nürnberg.

Das Aquarell „Das große Rasenstück" gilt als Dürers wichtigste Pflanzenstudie. Vor ihm hatte noch kein Künstler ein scheinbar bedeutungsloses Stück Natur so bis ins kleinste Detail naturgetreu dargestellt.

Hinweis:

Dieses Thema lässt sich mit allen Zeichenmaterialien umsetzen: Kohle, Bleistift, Buntstift, Tusche, Kreiden, Füller und auch Kuli.

Falls Sie die Möglichkeit haben, können Sie Ihren Kindern die Materialwahl freistellen oder Sie teilen die Klasse in Gruppen ein und lassen jede Gruppe mit einem anderen Material die Aufgabe umsetzen.

Die Betrachtung der unterschiedlichen Ergebnisse bietet Ihnen Gelegenheit, gemeinsam mit den Kindern die unterschiedlichen Gestaltungsmöglichkeiten und Wirkungen der verschiedenen Materialien herauszuarbeiten. Die Kinder lernen dabei selbst zu entscheiden, welches Zeichenmaterial sie für welche Aufgabenstellung wählen wollen.

Beispiele der verschiedenen Techniken und Materialien:

Fineliner

Bleistift

Buntstift (Fehlfarben)

Tusche

Aquarell-Buntstift
mit Wasser vermalt

Einstieg:
Im Sommer oder Herbst bietet es sich an, zunächst mit den Kindern einen Unterrichtsgang zu einer Wiese oder einem Getreidefeld zu machen. Ausgerüstet mit kleinen Zeichenblöcken, Bleistiften und Buntstiften sowie ausreichend Proviant steht einer Zeichenstunde auf den Spuren „echter Künstler" nichts mehr im Weg.

Aufgabe: Zeichne ein Stück Wiese / Getreidefeld von der Seite. Beachte dabei alle Details und zeichne sie möglichst genau nach.

Sie werden die Kinder hoch motiviert erleben! Nebenbei lernen sie, ihre Umgebung bewusster wahrzunehmen.
Die Ergebnisse werden am nächsten Tag an die Pinnwand gehängt, so dass alle Kinder die einzelnen Ergebnisse genau betrachten können.

Impuls:
Folie der Fotos (Kopiervorlage) oder Abbildung des Aquarells „Das große Rasenstück" von Dürer.

Anleitung Bildaufbau:
1. Die Bildfläche wird zunächst mit der Kohle leicht eingefärbt. Dazu wird ein etwa 2 – 3 cm langes Stück Zeichenkohle mit der langen Seite über das Papier gerieben.

Achtung: Zeichnungen mit Zeichenkohle verschmieren leicht, wenn man über das Gezeichnete mit der Hand oder dem Ärmel drüberwischt!
Hilfreich ist ein DIN A4-Blatt zum Abdecken beim Zeichenprozess.

2. Die Skizze wird mit Zeichenkohle auf das Blatt übertragen. Je höher der Druck beim Zeichnen, desto schwärzer wird der Zeichenstrich. Einige Flächen werden eingeschwärzt, manche Linien verstärkt.

3. Zur Fixierung, dem Haltbarmachen der Kohlezeichnung, wird die Zeichnung mit Haarlack eingesprüht. Dies geschieht am besten im Freien. Nach einer Fixierung kann, wenn der Haarlack gut getrocknet ist (am nächsten Tag), an der Zeichnung weitergearbeitet werden.

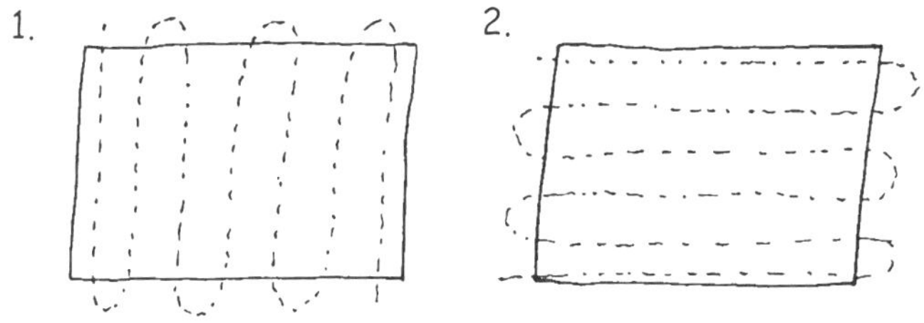

Sprührichtung beim Fixieren mit Haarlack bei ca. 20 cm Abstand.

Kriterien zur Leistungsbewertung:
1. Wurde das Prinzip der Reihung beachtet?
2. Wie detailliert ist die Zeichnung?
3. Inwieweit wurde die Skizze zur Zeichnung umgesetzt?
4. Wurden unterschiedliche Grauabstufungen erprobt?
5. Wie sorgfältig wurde gearbeitet?

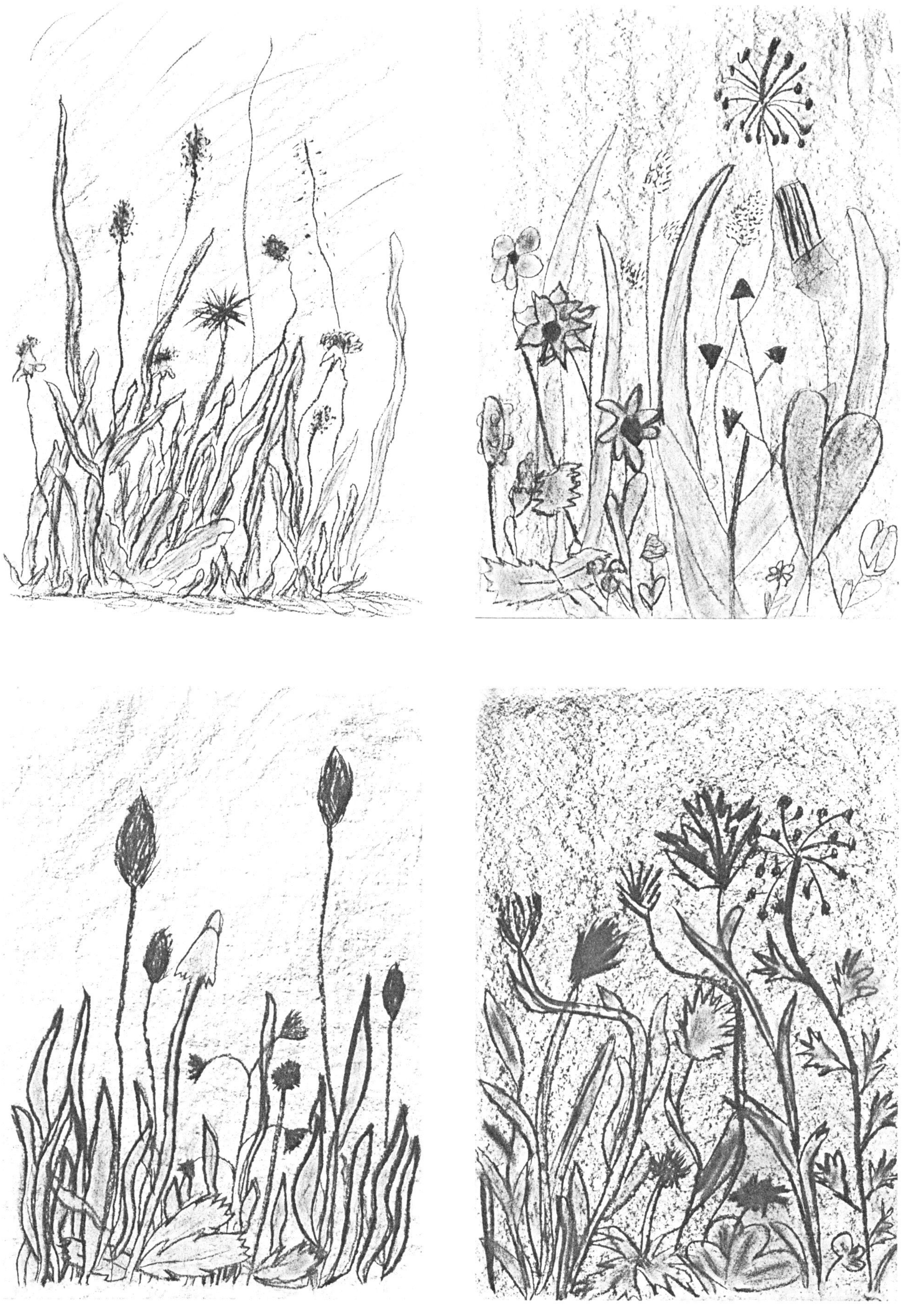

Schülerbeispiele Kohle

Blumenwiese nach Dürer - Kopiervorlage

Wortsalat (ab 3. Schuljahr)

Zeit: 2 - 3 Unterrichtsstunden
Material: Tageszeitungen, Klebestift, Schere, schwarzer Filzstift, Zeichenpapier DIN A3

Lernziele:
- Nutzen von Schrift als grafisches Gestaltungselement
- Einbinden vorgegebener Bildformen in ein Spannungsgefüge
- Verbinden einzelner Bildelemente zu einem Ganzen
- Nutzen der Kontraste dick / dünn, lang / kurz

Einstieg:
Anhand eines Beispiels, Kopie einer der hier gezeigten Arbeiten oder einer selbst hergestellten Zeichnung, wird den Kindern die Vorgehensweise erklärt.

Anleitung Bildaufbau:
1. Aus Tageszeitungen werden Wörter aus „Headlines" – Überschriften ausgeschnitten. Dabei ist zu beachten, dass die Schriften schwarz gedruckt sind und der Hintergrund weiß ist. Verschiedene Schriftarten und -größen lassen das Endergebnis interessanter erscheinen.

2. Die ausgeschnittenen Wörter werden auf das Zeichenpapier aufgeklebt. Vorher mit den Kindern absprechen, ob sie im Hoch- oder Querformat arbeiten sollen. Beim Aufkleben ist es wichtig, dass keine Klebereste auf dem Zeichenpapier entstehen! Die meisten schwarzen Filzstifte verändern ihre Farbe, wenn sie über Klebereste zeichnen.

3. Die Buchstaben werden nun miteinander verbunden. Dabei sollte die Linie nie dicker werden als der zu verbindende Buchstabe. Die Linien können leichte „Wellenbewegungen" haben, dünner und wieder dicker werden.

   Ziel ist es, alle Buchstaben in das „Netz" der Linien einzubinden. Meine Kinder sprachen von „Einspinnen der Buchstaben" wie in ein Spinnennetz.

Kriterien zur Leistungsbewertung:

- Wurden unterschiedliche Schriftarten und -größen verwendet?
- Sind alle Buchstaben in das lineare Netzwerk eingebunden?
- Passen Linien und Buchstaben in der Dicke zusammen?
- Wechseln sich dick und dünn ab?
- Wie ist der Gesamteindruck?
- Wurde sorgfältig gearbeitet?

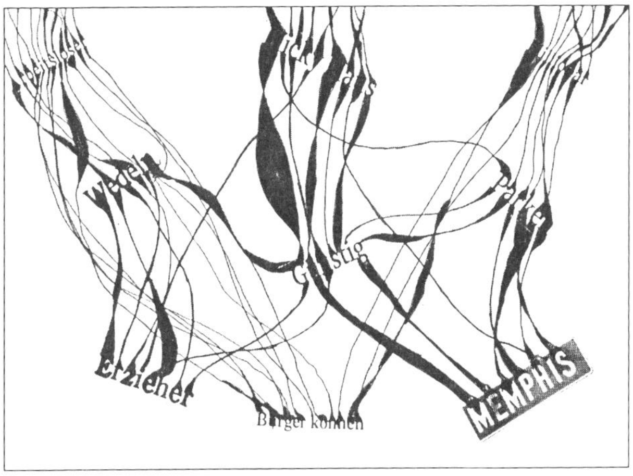

Kastenkunst frei nach Vasarély (ab 3. Schuljahr)

Zeit: 1 – 2 Unterrichtsstunden
Material: Rechenkästchenpapier für das erste Schuljahr (14 x 14 Kästchen) oder Kopiervorlage, farbige Fineliner oder Buntstifte

Info:
Viktor Vasarély, geboren am 9. April 1908, gilt als eigentlicher Vater und bedeutender Repräsentant der Op Art (Abkürzung für „Optical Art"). Die Künstler dieser Richtung beschäftigten sich mit der Erforschung optischer Reizeffekte von Farben und Formen. Vasarély entwickelte u. a. räumliche schwarz-weiß Bilder und ging Ende der fünfziger Jahre dazu über, in ein quadratisches Raster die geometrischen Grundformen Kreis, Ellipse, Quadrat, Rhombus und Dreieck einzusetzen.
Die geometrische Kunst Vasarélys bietet die Möglichkeit an den Geometrieunterricht anzuknüpfen. Die geometrischen Grundformen sollten den Kindern bekannt sein.

Lernziele:
- Nutzen von geometrischen Grundformen als Gestaltungselemente
- Entwickeln einer Gesamtkomposition aus Einzelformen
- Einsatz der Farbe als Gestaltungselement
- Miniaturformate als Bildformat kennen lernen

Einstieg:
Falls Sie Bildmaterial zur Verfügung haben, können Sie zunächst einige Bilder Vasarélys betrachten und besprechen.
Es ist jedoch ebenso möglich mit der Präsentation einer Schülerarbeit einzusteigen.

Kopiervorlage

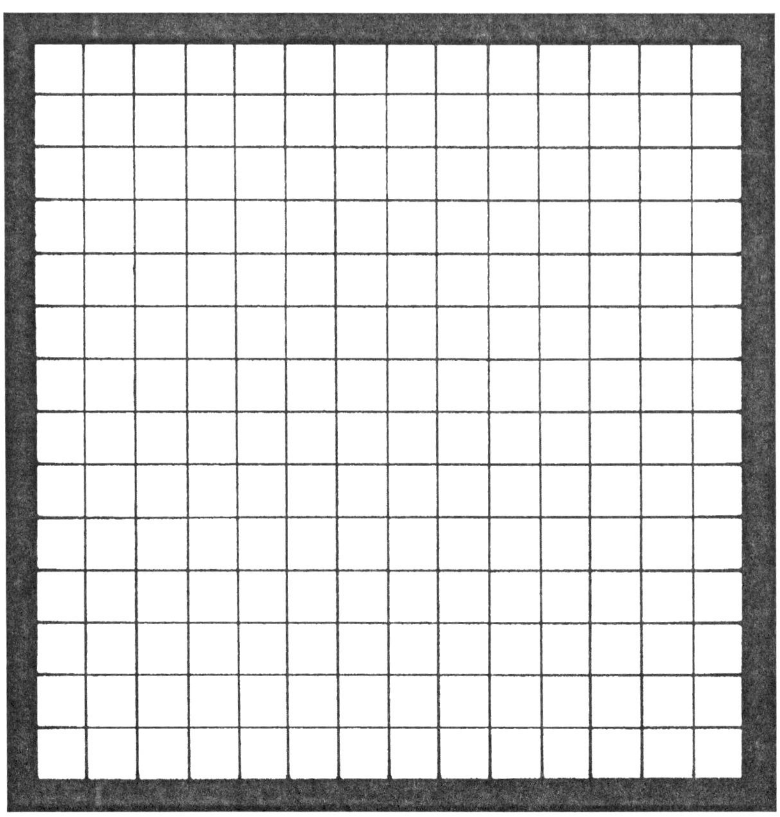

Anleitung Bildaufbau:

1. Die zu benutzenden Grundformen müssen angegeben werden. Sie können auf eine, zwei... Form(en) begrenzt werden oder völlig freigestellt bleiben.
2. Die Gesamtform soll ein Muster ergeben oder die Komposition bleibt frei.
3. In die Quadrate werden mit Bleistift die Grundformen gezeichnet.
4. Alle entstandenen Flächen werden farbig gestaltet. Dabei kann die Farbauswahl eingegrenzt werden. Auch in schwarz-weiß können interessante Ergebnisse erzielt werden.
5. Die fertigen quadratischen Zeichnungen können auf farbige Passepartouts in Postkartengröße geklebt werden. Wir haben immer zwei der Zeichnungen gegeneinander geklebt und laminiert. Die laminierten Zeichnungen wurden dann an einer Ecke aufgefädelt und als Dekoration an die Decke gehängt.

Kriterien zur Leistungsbewertung:

1. Ideenreichtum bei der Komposition.
2. Zusammenspiel von Farben und Formen (Farbkontraste).
3. Wie ist die Gesamtwirkung?
4. Wie sorgfältig wurde gearbeitet?

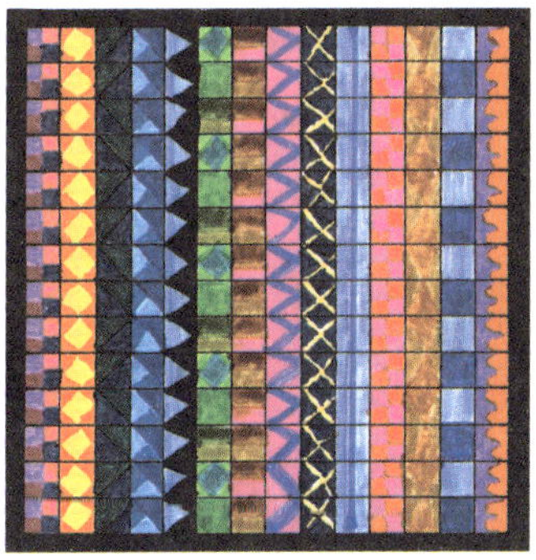

Mein Comic (ab 4. Schuljahr)

Zeit: 5 - 7 Unterrichtsstunden
Material: Comic-Hefte, Skizzenpapier, Bleistift, Kopiervorlage, Fineliner (schwarz), Buntstifte oder farbige Fineliner

Lernziele:
- Erfinden einer (oder mehrerer) Comicfigur(en)
- Entwickeln von mimischen Ausdrucksformen der Comicfigur
- Erfinden einer kleinen Handlung
- Zeichnerische Umsetzung der Handlung
- Zeichnen einer Figur in einem Handlungszusammenhang
- Beachten der Beziehung von Vordergrund und Hintergrund
- Einbeziehen von Text im Bild

Hinweis:
Comics gehören zur Alltagserfahrung der Kinder und bieten eine andere Möglichkeit „Geschichten" zu erfinden und zu notieren. Ganz nebenbei erhalten Sie als Lehrer einen Einblick in das Medienverhalten der Kinder.
Meine Klasse hat das „Comicfieber" gepackt und selbst sonst eher ungeduldige Kinder arbeiteten mit äußerster Konzentration und Durchhaltevermögen an ihrem Werk.

Auch in der Kunstszene sind Comics durchaus als Kunstwerke anerkannt. Roy Lichtenstein (geb. 27. 10. 1923) wurde insbesondere durch seine Comics bekannt, die er mit Hilfe eines Diaprojektors auf die Leinwand übertrug und über akribisch gemalte Rasterpunkte mit Pinsel und Farbe ausgestaltete.

1. Stunde - Einstieg:
Die Kinder bringen zur Kunststunde Comic-Hefte mit. Diese werden gesichtet und Merkmale einer Comic-Geschichte herausgearbeitet:

- Denk- und Sprechblasen
- kurze Infotexte
- lautmalende Wörter, besonders gestaltet
- schwarze Konturen
- Flächen sind einfarbig gefärbt
- der Hintergrund beschränkt sich auf das Wesentliche
- die Comic-Figuren haben prägnante Merkmale
- Tiere werden vermenschlicht
- es „passiert" etwas

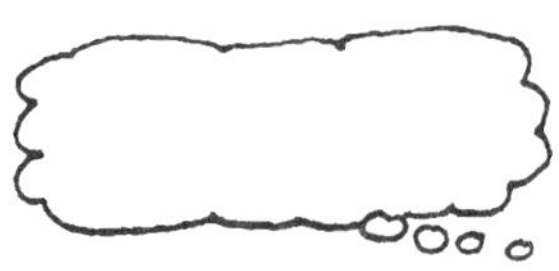

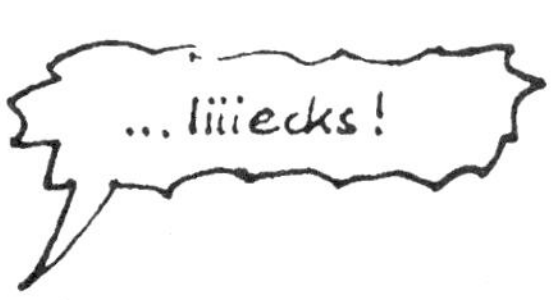

Anleitung Bildaufbau:

1. Bevor die Kinder mit ihrer Comic-Geschichte beginnen, müssen sie sich Gedanken darüber machen, welche Figuren sie für ihre Geschichte benötigen und wie diese aussehen sollen.
   Dabei ist es wichtig, dass die einzelnen Figuren sich zum einen stark voneinander unterscheiden und zum anderen relativ leicht zu zeichnen sind.
   Stellen Sie es Ihren Kindern frei, ob sie sich eigene Figuren ausdenken oder bekannte Figuren abzeichnen wollen.
   Für diese Überlegungsphase benötigen sie ausreichend Skizzenpapier.

Schülerbeispiele

2. Die handelnden Figuren sollten zuerst in den benötigten Positionen skizziert werden. Dabei ist es wichtig, dass Gestik und Mimik übertrieben dargestellt werden. Dies können die Kinder am besten anhand von konkreten Beispielen in ihren Comic-Heften betrachten.

3. Die Hintergründe dürfen nur die wichtigsten Dinge zeigen und nicht so genau ausgearbeitet werden wie die Figuren.

4. Die Sprechblasen müssen bezüglich des Textes und der Form genau überlegt werden. Als Hilfe können Sie anbieten, Sprechblasentexte am PC mit kleiner Schrift zu schreiben, auszuschneiden und aufzukleben.

5. Die Raumaufteilung der Kopiervorlage sieht ein Anfangsbild vor, welches wie eine Einleitung beim Aufsatz den Ort der Handlung, handelnde Personen und Ausgangssituation deutlich machen muss.
Das letzte Bild erfüllt die gleiche Aufgabe wie der Schluss eines Aufsatzes.
In den fünf kleinen Bildern soll die Handlung dargestellt werden.

6. Nach einer etwas aufwändigeren Skizzenarbeit zeichnen die Kinder ihr Comic erst mit Bleistift auf der Kopiervorlage vor (dabei nicht fest aufdrücken!) und ziehen dann die richtigen Linien mit einem schwarzen Fineliner nach.

Tipp:
Bevor die Kinder ihre Zeichnungen farbig ausgestalten, sollten Sie die Zeichnungen kopieren und zu einem „Klassencomic" zusammenstellen. Wenn Sie die Möglichkeit haben für jedes Kind dieses „Klassencomic" zu vervielfältigen, kann jedes Kind sein Heft farbig ausgestalten.
Auch eine schöne Idee zum Verkauf als eine etwas andere Schülerzeitung!

7. Zum Schluss gestaltet jedes Kind seinen Comic farbig mit Buntstiften oder mit feinen Faserstiften. Dabei darauf achten, dass die Hintergründe auch farblich nicht dominieren!

TOM TEUFEL
KNUR
Tom hol uns etwas zu essen ich habe no hunger
Tschö
Wie lang es wohl zur Erde dauert
Auf der Erde
Wo finde ich denn etwas zu essen
Das nehme ich mit
Jetzt nur noch nach Hause
Zu Hause
Finde ich auch
Es ist schön das du uns etwas zu essen geholt hast
ENDE

Mein Comic - Kopiervorlage

Bewegtes Comic (ab 4. Schuljahr)

Zeit: 2 Unterrichtsstunden
Material: pro Kind ein runder Bierdeckel, 2 Stücke Kordel (je ca. 40 cm lang), Zeichenpapier, Bleistift, schwarzer Fineliner, Radiergummi, Buntstifte oder Filzstifte

Lernziele:
- Erfinden und Zeichnen einer Comicfigur
- Erfinden und Darstellen einer kleinen realen Bewegung
- Erfahren, dass Bewegung aus Bildern zu erzeugen ist

Hinweis:
Dieses Thema bietet sich als Anschlussthema zu „Mein Comic" an. Die Kinder können dann „ihre" Comicfigur zum Bewegen bringen. Dabei ist zu beachten, dass die Illusion der Bewegung durch das schnelle Aufeinanderfolgen zweier Bilder erzeugt wird. Somit sind nur kleine, immer wiederkehrende Bewegungen darstellbar.
Für größere Bewegungen müsste ein Daumenkino erstellt werden.

Einstieg:
Eindrucksvoll für die Kinder ist es, wenn Sie ein solches bewegtes Comic vorbereitet haben und den Kindern vorführen.
Besprechen Sie mit den Kindern, dass nur „kleine" Bewegungen möglich sind, die immer wiederkehren können und sammeln Sie an der Tafel Ideen:
- Augen oder / und Mund auf und zu
- Ohren, Arme, Beine hoch und runter
- Kopf nicken lassen
- winken
- Fahne flattert ...

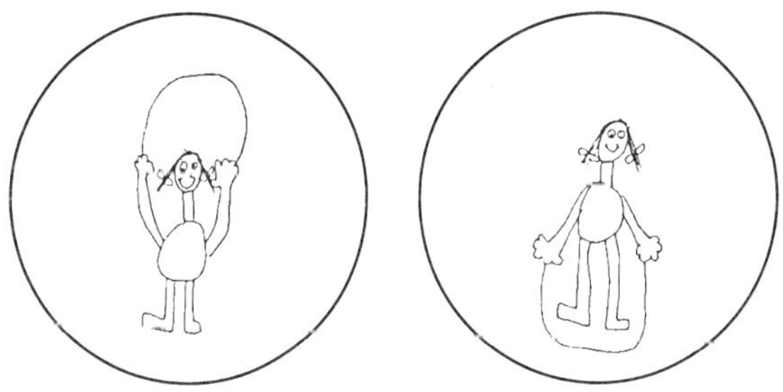

Anleitung:
1. Zuerst werden 2 Kreise mit Hilfe des Bierdeckels gezeichnet und ausgeschnitten.
2. Auf einen der beiden Kreise wird das erste Bild mit Bleistift vorgezeichnet und mit Fineliner nachgezogen.
3. Der zweite Kreis wird auf den fertig gezeichneten gelegt und zart mit Bleistift durchgepaust, dabei nur ganz leicht aufdrücken, damit die Zeichnung leicht wieder wegzuradieren ist.
4. Die durchgepauste Zeichnung wird nun an einer Stelle leicht verändert, z. B. der Arm etwas höher gezeichnet. Die fertige Zeichnung wird wieder mit Fineliner nachgezogen.
5. Nun werden beide Zeichnungen farbig ausgestaltet.

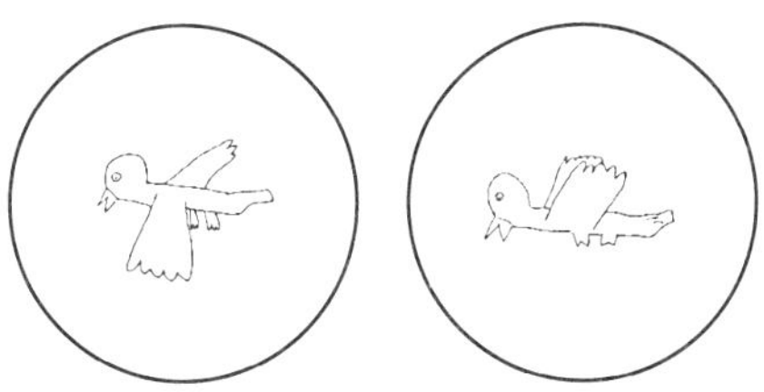

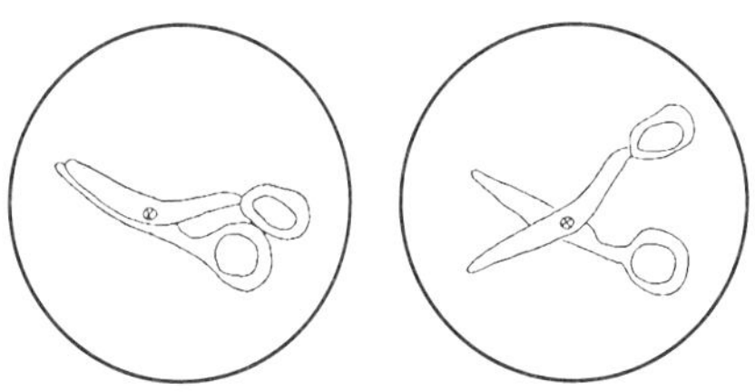

6. Die fertigen Zeichnungen werden folgendermaßen auf den Bierdeckel aufgeklebt:

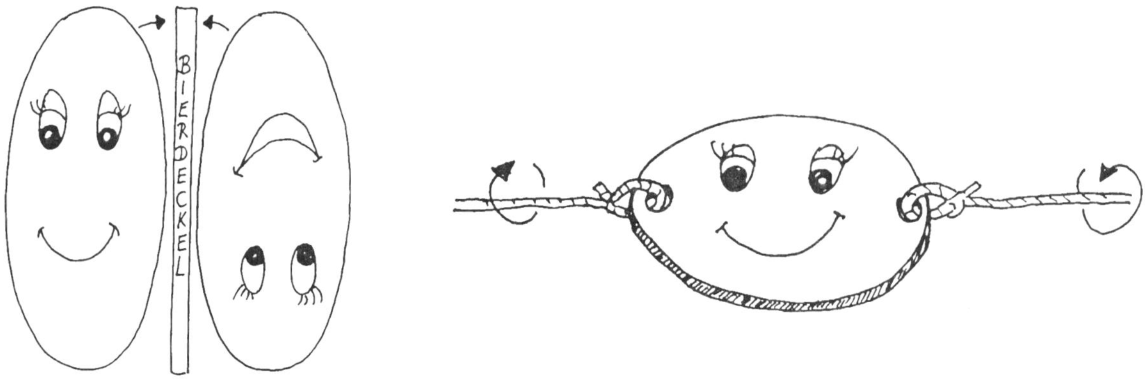

7. Links und rechts des Bildes wird nun ein Loch gemacht, z. B. mit einem Locher oder einer dicken Nadel, und die Kordel angeknotet.

Nimmt man in jede Hand eine Kordel und zwirbelt diese zwischen den Fingern hin und her, so erhält man sein kleines Kino.

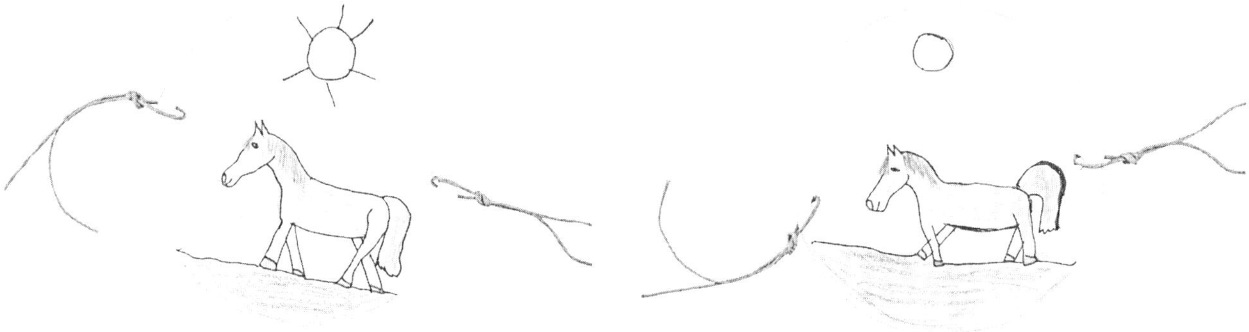